Belas Letras.

MÚSICA CULTURA POP CINEMA

A

Rob Sheffield

O amor é uma mixtape

Vida e perda, uma canção por vez

Tradução
Paulo Alves

Belas Letras

Título original: *Love Is A Mix Tape: Life and Loss, One Song At A Time*

Publisher
Gustavo Guertler

Coordenador editorial
Germano Weirich

Supervisora comercial
Jéssica Ribeiro

Gerente de marketing
Jociele Muller

Supervisora de operações logísticas
Daniele Rodrigues

Supervisora de operações financeiras
Jéssica Alves

Edição
Marcelo Viegas

Tradução
Paulo Alves

Preparação
Tanara Araújo

Revisão
Jaqueline Kanashiro

Capa e projeto gráfico
Celso Orlandin Jr.

2024
Todos os direitos desta edição reservados à
Editora Belas Letras Ltda.
Rua Visconde de Mauá, 473/301 – Bairro São Pelegrino
CEP 95010-070 – Caxias do Sul – RS
www.belasletras.com.br

Dados Internacionais de Catalogação na Fonte (CIP)
Biblioteca Pública Municipal Dr. Demetrio Niederauer
Caxias do Sul, RS

S542a Sheffield, Rob
O amor é uma mixtape: vida e perda, uma canção por vez / Rob Sheffield; tradutor: Paulo Alves. - Caxias do Sul, RS: Belas Letras, 2024.
208 p.

ISBN: 978-65-5537-435-3
ISBN: 978-65-5537-437-7

1. Memórias americanas. 2. Música.
I. Alves, Paulo. II. Título.

24/24 CDU 820(73)-94

Catalogação elaborada por Vanessa Pinent, CRB-10/1297

PARA MAMÃE E PAPAI

Ao longo deste livro, você vai encontrar códigos como este. Preparamos playlists com as músicas de cada capítulo para você acompanhar esta jornada. Infelizmente, algumas delas não estavam disponíveis no streaming, mas temos certeza que você vai dar um jeito de encontrar essas canções raras por aí, fuçando e garimpando, exatamente como o autor do livro fazia no mundo pré-Internet.

I wasted all your precious time
I wasted it all on you
- PAVEMENT

Desperdicei todo o seu precioso tempo
Desperdicei-o todo com você

90 min
A SiDE
STEREO

SUMÁRIO

RUMBLEFISH

IDOS DE MARÇO DE 1993

O *cenário*: tarde da noite, Brooklyn, um bule de café e uma cadeira perto da janela. Estou ouvindo uma mixtape de 1993. Ninguém consegue ouvi-la além de mim. Os vizinhos estão dormindo. Os moleques skatistas que ficam na escada bebendo cerveja e ouvindo hip-hop polonês já encerraram os trabalhos. O restaurante vizinho está fechado, mas o ar ainda está cheio de *borscht* e *kielbasa*. Aqui é onde eu moro agora. Uma cidade diferente, um apartamento diferente, um ano diferente.

Esta mixtape é só mais uma parte do lixo inútil que Renée deixou para trás. Uma categoria que, acho, inclui a mim esta noite.

Eu deveria ter ido dormir horas atrás. Em vez disso, fiquei vasculhando caixas antigas, à procura de alguns documentos aleatórios, e achei esta fita com a letra redondinha dela na etiqueta. Ela nunca tocou esta para mim. Não escreveu quais são as músicas, então não faço ideia do que me aguarda, mas já percebo que será uma longa noite. Sempre é. Coloco *Rumblefish* na minha *boombox* Panasonic RXC36 no balcão da cozinha, sirvo-me de mais café e deixo a música me envolver. É um encontro. Só eu e Renée e algumas músicas que ela escolheu.

Todas essas músicas me remetem a ela agora. É como aquela velha canção "88 Lines About 44 Women", só que são 8.844 versos sobre uma única mulher. Já fizemos isso antes. Às vezes, nos encontramos, no escuro, e compartilhamos algumas canções. É o mais perto que chegaremos de ouvir as vozes um do outro esta noite.

A primeira música: "Shoot the Singer", do Pavement. Só um garoto triste da Califórnia tocando sua guitarra e cantando sobre uma garota de quem ele gosta. Era a banda favorita de Renée. "Tem muito espaço pra esses meninos no meu vestido", ela costumava dizer.

Renée chamou esta fita de *Rumblefish*[1]. Não sei por quê. Ela gravou por cima da fita promocional de uma banda chamada Drunken Fish, que obviamente não impressionou muito, já que Renée colou sua própria etiqueta por cima do nome, colocou durex nos cabeçotes e fez sua própria mix. Datou-a de "idos de março de 1993" e escreveu este credo inspirador na etiqueta:

"Você sabe o que eu estou fazendo – só vem comigo!"

– JENNIE GARTH

---

[1] Peixes da espécie *Betta splendens*, conhecidos por sua agressividade para com outros peixes. O termo pode ser traduzido livremente como "peixe de briga". Embora no Brasil seja conhecido simplesmente como "betta", em Portugal, por exemplo, recebe o nome de "combatente". (N. do T.)

Ah, o antigo vídeo de ginástica da Jennie Garth, *Body in Progress*. Algumas noites, você vai até o shopping com seu *squeeze*, ambos meio cansados, e volta para casa com uma fita de vídeo de ginástica da Jennie Garth – que provavelmente também está enterrada numa dessas caixas. Nós dois nunca jogamos nada fora. Fizemos muitas mixtapes enquanto estivemos juntos. Fitas para pegação, fitas para dançar, fitas para pegar no sono. Fitas para lavar a louça, para levar o cachorro para passear. Guardei todas. Elas estão empilhadas nas minhas prateleiras, transbordando dos armários da cozinha, esparramadas por todo o chão do quarto. Eu nem tenho potes nem panelas na minha cozinha, só aquela *boombox* velha no balcão, perto da pia. Fitas demais.

Conheci Renée em Charlottesville, Virginia, na época que tínhamos 23 anos. Quando o *bartender* do Eastern Standard colocou para tocar a fita do *Radio City*, do Big Star, ela foi a única outra pessoa no salão que se empolgou. Então bebemos bourbon e conversamos sobre música. Trocamos histórias sobre as bandas das quais gostávamos e os shows que tínhamos visto. Renée adorava os Replacements e o Alex Chilton e os Meat Puppets. Assim como eu.

Eu amava os Smiths. Renée odiava os Smiths.

A segunda música da fita é "Cemetry Gates", dos Smiths.

Na noite em que nos conhecemos, falei para ela a mesma coisa que falei para cada uma das garotas por quem já tive uma queda: "Vou fazer uma fita para você!". Só que, dessa vez, com essa garota, funcionou. Quando estávamos planejando nosso casamento, um ano depois, ela disse que, em vez de pisar num copo no fim da cerimônia, queria pisar num estojo de fita cassete, já que era o que fazia desde que me conhecera.

Apaixonar-se por Renée não era algo do qual você saía inteiro. Eu não tinha a menor chance. Ela me quebrava as pernas. Acordava no meio da noite e dizia coisas do tipo: "E se o Bad Bad Leroy Brown fosse uma garota?" ou "Por que não fazem comerciais de sal iguais aos de leite?". E então voltava a dormir, enquanto eu ficava deitado, acordado, e agradecia pela existência daquela criatura alienígena ao lado da qual eu repousava.

Renée era uma garota punk rock dos Apalaches, baderneira e muito descolada. Sua música favorita era "Let's Spend the Night Together", dos Rolling Stones. Seu álbum favorito, *Slanted and Enchanted*, do Pavement. Torcia para o Atlanta Braves e costurava suas próprias calças de vinil prateado. Sabia diferenciar tipos de chaves de fenda. Fazia tortas, mas não com muita frequência. Sabia "Go on Girl", de Roxanne Shante, de cor. Chamava Eudora Welty[2] de "Senhorita Eudora". Tinha mestrado em ficção e nunca publicou nenhum conto, mas continuava escrevendo mesmo assim. Comprava sapatos demais e tingia o cabelo de vermelho. Sua voz era repleta dos chiados e dos estalidos da música.

Renée era uma menina do interior, três meses mais velha do que eu. Nasceu em 21 de novembro de 1965, mesmo dia da Björk, no Metropolitan Mobile Home Park, em Northcross, Georgia. Cresceu no sudoeste da Virginia com os pais, Buddy e Nadine, e a irmã mais nova. Quando ela tinha três anos, Buddy foi transferido para a fábrica de material bélico no condado de Pulaski, então a família passou um verão construindo uma casa lá. Renée costumava sentar-se no quintal e alimentar os cavalos do vizinho com grama através da cerca. Usava óculos, tinha cabelos castanhos cacheados e um beagle chamado Snoopy. Frequentou a Igreja Batista de Fairlawn, a Pulaski High School e a Hollins College. Foi batizada com imersão e tudo no lago Claytor. O primeiro disco que teve foi o compacto de "Get Down Tonight", do KC & The Sunshine Band. KC foi seu primeiro amor. Eu fui o último.

---

[2] Escritora norte-americana (1909-2001) célebre por retratar o sul do país. (N. do T.)

Eu era um *geek* católico irlandês de Boston, tímido e magricela. Nunca tinha conhecido alguém como Renée. Mudei-me para Charlottesville para fazer pós-graduação e com um plano definido: ir para o Sul, fazer a pós e dar no pé para outra cidade. O Sul era um mundo novo e assustador. Na primeira vez em que vi um gambá na minha garagem, levantei um punho ossudo fechado para o céu e amaldiçoei aquele fim de mundo rústico e infernal abandonado por Deus. Tenho 23 anos! A vida está passando por mim! Meus ancestrais passaram séculos nas colinas do condado de Kerry, mergulhados até a cintura em merda de ovelha, tomando tiros de soldados ingleses, e meus avós cruzaram o oceano em navios-caixões e chegaram aos EUA só para eu pegar raiva de um gambá?

Renée nunca tinha pisado ao norte de Washington, D.C. Para ela, Charlottesville era a cidade grande malvada. Ela mal podia acreditar que havia *calçadas* por todo lado. Seus ancestrais foram apalaches das colinas da Virginia Ocidental, seus dois avôs foram mineiros de carvão. Não tínhamos nada em comum, exceto o amor à música. Foi a primeira conexão que tivemos e dependíamos dela para nos mantermos juntos. Trabalhamos duro para achar um meio-termo. A música nos uniu. Então, agora, a música estava presa a nós.

Tive sorte de poder ser o cara dela por um tempo.

Eu me lembro desta música. L7, garotas punk rock de L.A., o compacto "Shove" da Sub Pop. Renée escreveu uma matéria de capa para a Spin *sobre elas logo depois de gravar esta fita. Ela nunca tinha visto a Califórnia. As garotas da banda a levaram para fazer compras e escolheram jeans para ela.*

Quando nos casamos, morávamos em Charlottesville, num porão mofado, uma espelunca que inundava sempre que chovia. Muitas vezes atravessávamos as montanhas no Chrysler LeBaron 1978 barulhento dela, percorrendo lojas de quinquilharias à procura de discos de vinil e encontrando tesouros em compactos de 45 rpm riscados, a 25 centavos a unidade. Ela me levava até o Meadown Muffin, na Rota 11, nos arredores de Stuarts Draft, para tomar o melhor milk-shake de banana do planeta. Todas as tardes, eu buscava Renée no trabalho. À noite, íamos ao Tokyo Rose, o sushi bar da cidade, onde bandas tocavam no porão. Íamos ouvir todas as bandas que passavam por lá, gostássemos delas ou não. Se fôssemos esperar até que bandas famosas, bem-sucedidas e importantes tocassem em Charlottesville, esperaríamos uma eternidade. Charlottesville era uma cidade pequena; tínhamos de providenciar a nossa própria diversão. Renée se arrumava para os shows, costurava uma saia nova. Sabíamos que veríamos todos os nossos amigos por lá, incluindo todos os garotos roqueiros por quem Renée tinha quedinhas. O baixista – sempre o baixista. Tenho 1,95 de altura, então ficava no fundo com outros caras altos do rock e me apoiava contra a parede. Renée tinha 1,57, e, definitivamente, não era o tipo de garota que ficava no fundo, então disparava até a frente do palco, corria de um lado para o outro e rebolava. Causava uma comoção. Mergulhava em meio ao público e me deixava só um pouco para trás, me aquecendo em seu brilho. Toda banda que tocava na cidade, Renée convidava para ficar na nossa casa, embora não tivesse espaço nem para nós dois.

Belly? Aaaargh! Renée! Por que você está fazendo isso comigo? Essa banda é ruim de lascar. Não acredito que ela gostava tanto dessa música a ponto de gravá-la.

Fico sentimental com a música dos anos 90. É deplorável, na verdade. Mas eu adoro tudo. A meu ver, a década de 90 foi a melhor de todos os tempos para a música, até nas coisas que eu detestava na época, até nas coisas que me davam dor de barriga. Hoje, cada nota daqueles anos está carregada de vida. Por exemplo, eu odiava o Pearl Jam na época. Achava que eles eram uns falastrões pretensiosos. Agora, sempre que toca uma música do Pearl Jam no rádio do carro, me vejo batendo no painel entusiasmado, gritando "Pearl JAM! Pearl JAM! *Isto* é que é rock and roll! *I'm goin' HUNGRAAAAAY! Jeremy's SPO-ken! But he's still al-LIIIIIIVE!*".

Não me recordo da decisão de amar o Pearl Jam. Detestar o Pearl Jam era muito mais divertido.

1991. O ano em que o punk estourou. O ano palíndromo. Nos filmes do *Planeta dos Macacos* originais, é o ano da revolução dos símios, mas me contento com o 1991 que tivemos. Foi o ano em que nos casamos. Sabíamos que seria de uma importância enorme. E foi. Os anos seguintes foram intensos. Foi uma época gloriosa para a cultura pop, a década do Nirvana e do Lollapalooza, de *As Patricinhas de Beverly Hills* e *Minha Vida de Cão,* da revista *Sassy*[3] e de *Pulp Fiction,* de Greg Maddux e Garth Brooks, do Green Day, da Drew Barrymore, do Dr. Dre, do Snoop e de *Quanto Mais Idiota Melhor*. Foi a década em que Johnny Depp fez sua tatuagem *Winona Forever*, a década em que Beavis e Butthead fizeram tatuagens em forma de bunda em suas bundas. A década de Kurt Cobain e Shania Twain, de Taylor Dayne e Brandi Chastain. As fronteiras da cultura americana estavam explodindo, e a música abria o caminho.

Havia uma canção que Renée e eu inventamos no carro, cantando junto com o rádio.

Hoje, na rua, vi um adesivo da Sub Pop num Subaru.
Uma vozinha na minha cabeça disse: os yuppies *também cheiram à Teen Spirit.*
Eu achava que sabia o que era o amor, mas estava cego.
Essa época se foi para sempre, que seja, nem aí.

Para ganhar dinheiro, éramos bibliotecários, garçonetes, balconistas e assistentes de advogados. Ao fim do dia de trabalho, fazíamos massagens nos pés, cantávamos canções do Pavement um para o outro e sabíamos

[3] Revista destinada a garotas adolescentes, como a nossa *Capricho* e afins. (N. do T.)

que todas as letras eram verdadeiras, até a que dizia "*Fruit covered nails/ Electricity and lust*"[4]. Eu passava hidratante nas queimaduras de meia-calça dela. O pesadelo Reagan-Bush estava chegando ao fim; tão próximo que podíamos saboreá-lo. O Nirvana não saía do rádio. O rock corporativo estava morto. Em *Barrados no Baile*, Dylan e Kelly se pegavam na praia ao som de "Damn, I Wish I Was Your Lover". Éramos jovens e apaixonados, e o mundo estava mudando.

Quando não estávamos sendo estudantes ou trabalhando em empregos sofríveis, éramos críticos de rock *freelancers* para o *Village Voice*, a *Spin* e a *Option*. Nossos amigos de outras cidades tinham fanzines, então escrevíamos para eles também. Éramos DJs na emissora de rádio independente da cidade, a WTJU. Bandas que eram esquisitas demais, feministas demais, agressivas demais para o *mainstream* um ano antes, de repente, *viraram mainstream* e faziam seu barulho em público. Nossos segredos subculturais estavam à mostra para o mundo todo ver, onde deveriam estar. Depois do trabalho, Renée e eu seguíamos para a Plan 9 Records e vasculhávamos a seção de compactos. Sempre havia alguma coisa nova que nós *precisávamos* ouvir. Escrevíamos o mais rápido possível, mas ainda havia mais música boa por aí do que tínhamos tempo de escrever a respeito. Às vezes, nossos textos rendiam cheques vindos pelo correio, então comprávamos mais discos. Renée se debruçava sobre a máquina de escrever e ouvia o mesmo compacto do Bratmobile por horas, trocando o lado a cada dois minutos e meio, cantando junto: "*If you be my bride, we can kiss and ride/ We can have real fun, we can fuck and run*"[5]. Tudo estava mudando, era óbvio. O mundo estava tão repleto de música, que parecia que nunca ficaríamos sem. Estar vivo era

[4] "Unhas cobertas de frutas/ Eletricidade e luxúria."

[5] "Se você for minha noiva, podemos nos beijar e viajar/ Podemos nos divertir muito, podemos foder e fugir."

um deleite naquela aurora, e, mesmo sendo jovens e trabalhando demais, com pouco acesso às coisas num fim de mundo, era o paraíso. Era o nosso tempo, o primeiro que tínhamos para nós mesmos.

Foi um tempo incrível e depois acabou, pois isso é o que os tempos fazem.

Whitney Houston, "I'm Every Woman". Mmmmm. A Whitney era tão irada naquela época. Que diabos aconteceu?

Renée deixou uma bagunça imensa para trás: fitas, discos, sapatos, moldes de costura, pilhas de tecido que ela planejava transformar em saias e bolsas. Revistas de moda e fanzines de rock que ela ainda estava lendo. Romances cheios de anotações. Esboços de contos por toda a escrivaninha. Fotos que ela havia recortado de revistas e colado nas paredes – Nirvana, PJ Harvey, John Travolta, Drew Barrymore, Shalom Harlow, Mo Vaughn. Uma foto emoldurada dos Red Sox de 1975. Um grande deus do sol mexicano de argila que ela trouxe de L.A. quando foi fazer a matéria com o L7. Uma abóbora de Halloween de – bem, não faço a menor ideia. Coisas malucas que ela costurou, minivestidos *mod* de tecidos que encontrava, estampados com ervilhas ou rostos de Marilyn Monroe. Ela se foi no meio disso tudo, vivendo sua vida grande, bagunçada e épica, e nenhum de nós jamais chegará perto dela nesse sentido.

Renée amava *fazer* coisas. Isso era um mistério para mim, já que eu ficava mais confortável ao conversar sobre coisas e nunca fazê-las. Ela gostava de paixão. Gostava de aventura. Eu me acovardava diante da paixão e me convencia a não embarcar em aventuras. Antes de conhecê-la, era apenas mais um menino-lobo ermitão, com medo da vida, escondido no quarto com meus discos e meus fanzines. Uma das amigas de Renée perguntou a ela: "Seu namorado usa óculos?". E ela respondeu: "Não, ele usa Walkman". Eu não socializava e planejava me manter assim, nunca imaginava ser de nenhum outro jeito. De repente, me vi completamente emaranhado na vida barulhenta, suculenta e cintilante dessa garota. Sem ela, eu não queria fazer nada, exceto continuar sendo bom com ela. Sabe a história do coronel Tom Parker depois que Elvis morreu? O coronel disse: "Diabos, vou continuar sendo empresário dele". Era assim que eu me sentia. Cada árvore no bosque, cada carro que passava por mim na estrada, cada canção no rádio, tudo parecia ser Gloria Grahame no final de *Os Corruptos* fazendo a mesma pergunta: "Como era sua esposa?". Essa era a única conversa que me interessava.

Nossa amiga Suzle me disse que sua irmã não entendia – ela sempre achou que Suzle tivesse uma amiga chamada "Robin Renée". Como é que Robin Renée virou Rob e Renée, duas pessoas diferentes?

O mundo inteiro teve Renée roubada. Eu, menos do que todos, porque tive mais dela do que eles. Mas, mesmo assim, queria ainda mais. Queria ser o cara dela para a vida toda. Sempre nos imaginei envelhecendo juntos, como William Holden e Ernest Borgnine em *Meu Ódio Será Sua Herança*, lado a lado em nossos sacos de dormir, bebendo café e planejando o próximo assalto. Só tivemos cinco anos. No nosso quinto aniversário de casamento, fomos a Afton Mountain e nos hospedamos num hotel de beira de estrada. Enchemos a cara desgraçadamente e ouvimos "Five Years", do David Bowie, a todo volume, sem parar. É uma canção sobre como o mundo vai acabar em cinco anos, o que força todos a aproveitar a liberdade de fazer o que quiser, a pôr em prática os desejos mais loucos e devorar o momento sem pensar no futuro.

"Five years!", gritamos em uníssono. *"That's* aaaooowwwlll *we got!"*

Foi tudo o que tivemos. Aquela noite foi boa. Houve muitas noites boas. Tivemos mais delas do que tínhamos qualquer direito de esperar, cinco anos delas, mas eu queria mais mesmo assim.

Outra música do L7, "Packin' a Rod". É um cover *de um velho hino hardcore de L.A. – Renée saberia te dizer de quem é a original, mas eu não sei. E já estamos no fim do lado A. Eject. Viro o lado.*

Agora é tarde demais para dormir mesmo. O café esfriou, então simplesmente esquento outro bule. Nesta noite, sinto que meu corpo inteiro é feito de lembranças. Sou uma mixtape, uma cassete que já foi rebobinada tantas vezes que é possível ouvir as impressões digitais que mancharam a fita.

Aperto play.

Primeira música, lado B: "Man on the Moon", do R.E.M. Será que Renée já fez alguma mixtape sem R.E.M.? Toda uma geração de garotas do Sul cresceu ouvindo a palavra de Michael Stipe.

Tenho medo de me esquecer de qualquer coisa a respeito de Renée, até o detalhe mais minúsculo, até as bandas que eu não suporto nessa fita – se ela a tocou, quero ouvir suas impressões digitais. Às vezes, acordo no meio da noite com o coração disparado, tentando me lembrar: Que número Renée calçava? De que cor eram os olhos dela? Quando era seu aniversário, quais os nomes de seus avós, que música do Willie Nelson ouvimos no rádio em Atlanta? A lembrança vem, horas ou dias depois. Sempre volta. Mas, na hora, entro em pânico. Tenho a certeza de que se foi para sempre. Agora, estou tremendo com essa sensação, tentando me lembrar de algumas dessas músicas. Nada se conecta a um momento como a música. Conto com a música para me trazer de volta – ou, mais precisamente, para trazê-la à tona.

Há algumas canções nessa fita das quais ninguém mais no planeta se lembra, eu garanto. Como "In a World Without Heroes", do Grenadine. O Grenadine nem era uma banda de verdade – só um projeto paralelo fanfarrão. No que dependesse de nós, porém, se tratava da mais bela balada mão-quebrada pseudo-Bowie com que um garoto indie idolatrou uma garota em 1992. Nunca convencemos ninguém mais a concordar conosco. Nem mesmo nossos ditos amigos mentiam para nós sobre essa música.

Ninguém gostava da canção, exceto eu e Renée, e agora ela se foi, o que significa que ninguém mais se lembra dela. Nem o cara que a compôs. Sei disso com toda certeza, pois Mark Robinson fez um show solo no Tokyo

Rose alguns anos depois. Quando ele disse para fazermos pedidos, gritamos "In a World Without Heroes". Ele só nos encarou e balançou a cabeça. Algumas canções depois, com um pouco mais de coragem líquida na cabeça, gritamos de novo. Foi aí que ele parou de aceitar pedidos. Então é oficial: *ninguém* gosta dessa música.

Uma música da qual ninguém gosta é uma coisa triste, mas uma canção de amor da qual ninguém gosta, mal se pode dizer que é uma coisa.

Mary Chapin Carpenter. Um grande sucesso das rádios country da época. Não era ela que usava polainas?

Os cantores country entendem. É sempre *aquela* canção que te pega. Você pode se esconder, mas ela te acha. Cantores country estão sempre lamentando aquele número da *jukebox* que eles não suportam quando toca, aquele que traz as lembranças. Se você for o George Jones, é 4-0-3-3. Se você for a Olivia Newton-John, é B-17. Se você for o Johnny Paycheck, não consegue deixar de voltar ao bar onde eles tocam aquela canção sem parar, onde eles têm uma *jukebox* inteira cheia delas. Johnny Paycheck a chamou de "Meanest Jukebox in Town" ("A *Jukebox* Mais Cruel da Cidade").

Os gângsters também entendem. Nos antigos filmes de gângster, você está sempre fugindo para uma nova cidade, para algum lugar onde não vão conhecer sua foto da ficha da polícia. Você pode enterrar as sujeiras do passado. Só que a canção te segue. Em *Curva do Destino*, é "I Can't Believe You're in Love with Me". O assassino a ouve na *jukebox* da parada de caminhões e se dá conta de que não há como fugir da garota. Em *Gilda*, é "Put the Blame on Mame". Em *Prisioneiro do Passado*, é "Too Marvelous for Words". Barbara Stanwyck, em *Só a Mulher Peca*, é tão *cool*, durona e inabalável até ir a um bar e levar uma rasteira de uma canção da *jukebox*, "I Hear a Rhapsody". Começa a divagar sobre um marido que morreu e uma cidade onde foi vendedora de partituras. Não é mais tão durona. Não se pode fugir da *jukebox* mais cruel da cidade.

Pavement de novo. "Texas Never Whispers". Uma das nossas favoritas. A fita crepita um pouco. Sei que deve estar chegando perto do fim.

Ouvi *Rumblefish* a noite toda. A essa altura, já sei todas as músicas. Estou anotando os títulos para não esquecer. Continuo olhando pela janela, mas o sol só vai nascer daqui umas duas horas. As luzes da cidade piscam pelas árvores do McCarren Park. A casa do outro lado da rua tem uma coruja de madeira cuja cabeça gira a cada 15 minutos, o que é extremamente irritante. A cidade está cheia de aventuras a apenas duas estações de metrô. Mas não vou a lugar algum.

Nós nos conhecemos em 17 de setembro de 1989 e nos casamos em 13 de julho de 1991. Fomos casados por cinco anos e dez meses. Renée morreu em 11 de maio de 1997, de forma muito súbita e inesperada, em casa, comigo, de embolia pulmonar. Tinha 31 anos. Está enterrada no condado de Pulaski, na Virginia, à beira de uma colina, ao lado do Wal-Mart.

Assim que o lado B termina, bem no meio de uma música péssima do Belly, paro e espero pelo *ca-chunk* final. Então viro a fita e aperto play de novo. A primeira música é "Shoot the Singer", do Pavement, que ouvi 1h atrás. Tenho negócios em aberto com essas canções. Vou ficar acordado por um tempo. Renée ainda não terminou o que precisava fazer comigo.

HEY JUDE

ABRIL DE 1979

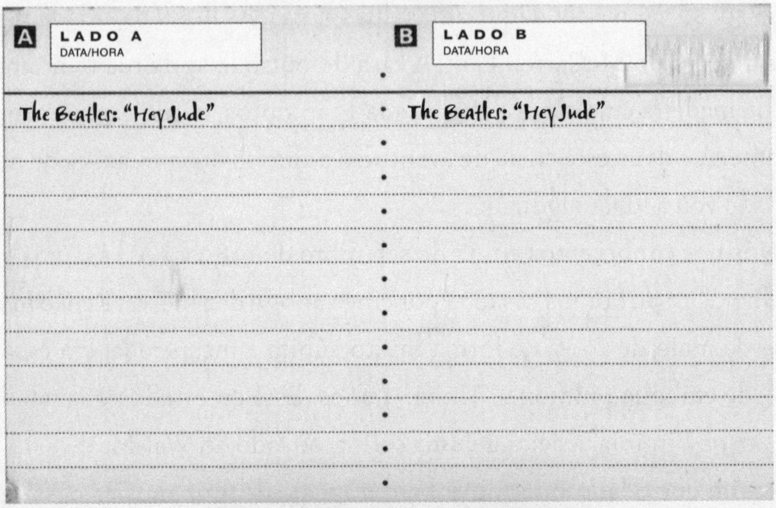

Certa noite, quando eu tinha 12 anos, meu pai e eu fomos ao Howard Johnson's para tomar um chocolate quente. A *jukebox* da mesa em que nos sentamos oferecia duas músicas por 25 centavos, então cada um de nós escolheu uma. Apertei o botão da minha mais recente favorita, "Hold the Line", do Toto. Meu pai escolheu algo que eu nunca tinha ouvido antes, "Duke of Earl", e ficou muito empolgado quando aquele "*duke, duke, duke*" começou a soar pelas caixas de som. Revirei os olhos enquanto ele cantava junto, mas pensei comigo: "Bem, isso *é* meio que melhor que 'Hold the Line'".

Numa tarde de sábado em casa, enquanto ouvíamos discos dos Beatles, meu pai e eu começamos a debater a ideia de que era teoricamente possível fazer uma versão em *loop* de "Hey Jude" longa o suficiente para preencher uma fita cassete inteira. Só precisaríamos apertar pause, levantar a agulha de vez em quando e mexer nos botões de volume. Algumas horas depois, tínhamos uma fita de 90 minutos de "*na na nas*", muitos "*yeah yeah yeahs*" e alguns "*Judy Judy Judy wow*". Ao ouvirmos, eu não acreditava no nosso feito. Era uma nova canção dos Beatles, que não existia antes. *Something New*, como diriam os Beatles. A diferença entre *Yesterday... and Today*. Meu pai e eu tínhamos construído aeromodelos juntos, ido a jogos dos Red Sox. Porém, ao ouvir essa fita, soube que era nosso maior sucesso. Fiquei mais orgulhoso do que Paul McCartney depois de compor a música original.

Ouço *Hey Jude* – a fita – agora e penso em duas coisas: nunca mais quero ouvir essa música, e, em 1977, meu pai tinha mais ou menos a idade que tenho hoje, e, numa tarde de sábado que ele poderia ter passado do jeito que quisesse, escolheu passá-la com seu filho de 12 anos, fazendo essa fitinha ridícula. Provavelmente esqueceu-se dela no dia seguinte. Mas eu não.

Há todo tipo de mixtape. Sempre há um motivo para se fazer uma.

A Fita de Festa

FES-TA! Você sabe o que isso quer dizer – horas para criar a fita de festa perfeita, mais dez minutos para limpar a casa e terminar de esvaziar todas as garrafas de bebida apenas um terço cheias numa tigela com suco em pó e chamar de Orange Lotus Surprise Blossom. Então, depois do fim da festa, você fica com a fita. Nunca se sabe quando alguém vai te ligar dizendo: "Cara, tem festa hoje à noite! Traz uma fita!". Sempre certifique-se de ter uma ou duas fitas dançantes à mão na sala, SÓ POR DESENCARGO, porque NUNCA SE SABE, da mesma forma que as leitoras da *Cosmopolitan* guardam uma garrafa extra de espumante na geladeira. Alguns amigos vêm tomar um drink, começa a tocar uma música, umas garotas começam a dançar, você não quer que o clima murche, certo? Num verão em Charlottesville, eu tinha uns vizinhos de cima, Wally e Drew, cujas mixtapes eram projetadas neurobiologicamente para que suas namoradas se pegassem. Eu vi acontecer. A fita começa, Jeff Buckley geme uma daquelas coisas de dez minutos dele e então seu falsete vai dando lugar à introdução de guitarra de "Let's Get It On", do Marvin Gaye, e BUM – as namoradas estão dançando uma em cima da outra feito potros sem vergonha. Aqueles caras sabiam fazer uma fita de festa.

Eu Quero Você

Sempre um ótimo motivo para se fazer uma fita.

Nós Vamos Transar? Demais!

Um motivo ainda melhor para se fazer uma fita. É aí que vocês passam a trocar fitas com canções como "Dancing in the Sheets", do Shalamar, ou "Let's Do It Again", dos Staples Singers, ou "Soft as Snow (But Warm Inside)", do My Bloody Valentine. Triste, sério. Tenho motivos para acreditar que certa vez levei um pé na bunda por ter dado a uma garota uma fita com uma das minhas baladas melosas favoritas dos anos 80, "Shake You Down", de Gregory Abbott. Nunca mais tentei fazer isso. Essas fitas são uma das principais vantagens de se estar num relacionamento, assim como os cortes de cabelo de graça. Alguns casais param de fazer fitas um para o outro – não entendo o que acontece com eles.

Você Gosta de Música, Eu Gosto de Música, Acho que Dá para Dizer que Seremos Amigos

Você acabou de conhecer alguém. Vocês estão conversando sobre as músicas das quais gostam. Nossa, sim, essa banda! Já ouviu falar dessa banda? Você ia *amar* essa música. Vou fazer uma fita pra você! Frequentemente confundida com a fita "Eu Quero Você" por quem a dá ou a recebe, o que resulta em travessuras e gargalhadas generalizadas.

Você Partiu Meu Coração e Me Fez Chorar e Aqui Estão 20 ou 30 Canções Sobre Isso

A melhor já feita foi *Is She Really Going Out With Him?* (*Ela Está Mesmo Saindo Com Ele?*), que o namorado da minha amiga Heather, Charles, fez enquanto eles estavam passando por um período ao qual se referiam friamente como "transitório". Começava com "Please Please Please Do Not Go", do Violent Femmes, e aí ficava desesperada – garotos perdidamente apaixonados implorando por mais punição: "Why Don't You Love Me (Like You Used to Do)?", do Elvis Costello, "Hands Off She's Mine", do English Beat, "Boys of Summer", do Don Henley. Funcionou, no entanto – fez os dois voltarem. Heather não parava de tocá-la para todos os amigos, bem na frente de Charles; estava orgulhosa por ser capaz de fazê-lo passar por tamanha tristeza, e acho que ele também ficou orgulhoso. Vinte anos depois, eles estão morando em Utah, casados e têm quatro filhos que devem suas *vidas* a essa fita. Que medo.

A Viagem de Carro

Minha amiga Jane foi me visitar em Boston um ano depois da faculdade, quando ela morava no sul da Califórnia. Ela quis que eu a levasse para passear de carro a noite toda, então fez uma fita para essa ocasião. Cada música ficou gravada permanentemente no meu cérebro. Chegamos à Southeast Expressway ao som de "Friday's Child", do Van Morrison. Percorremos a Castle Island com "Man of the World", do Peter Green. Cantamos junto com "Ventilator Blues", dos Rolling Stones, "Stuff You Gotta Watch", do Muddy Waters, "Life Through a Window", do The Jam, entre muitas outras. Dirigimos a noite toda, tocando aquela fita por Dorchester, South Boston, Watertown e Jamaica Plain[6]. Quando vimos o sol começar a nascer, jogamos a fita pela janela. Não vejo Jane há anos, mas agora frequento um bar no Brooklyn chamado Daddy's, onde eles têm "Friday's Child" na *jukebox*. Sempre que vou lá para jogar o fliperama do Elvis, coloco "Friday's Child", número 9317, e a dedico para uma amiga que está longe, onde quer que ela esteja.

Sem Ressentimentos, Gata

Renée sempre jurava que seu melhor amigo do Ensino Médio terminava com as namoradas gravando "Free Bird" para elas. Um cara que eu conheci na faculdade dispensava as suas com "Don't Think Twice, It's All Right", do Bob Dylan. Também na faculdade, certa vez achei que estava terminando com uma garota ao dar a ela uma fita que começava com "The Thrill of It

---

[6] Regiões da Grande Boston. (N. do T.)

All", do Roxy Music. Demorei alguns dias para me dar conta de que ela não fazia ideia de que estávamos terminados, o que acho que significa que a fita não funcionou. Por que as pessoas fazem isso? Babacólogos, por favor, mandem conselhos.

Odeio Essa Merda de Emprego

Sabe quando, às vezes, você está lendo o jornal enquanto come um muffin de amora e toma uma *mocha colada* de soja e nota que os jovens atrás do balcão estão gritando junto com "Fresh Flesh", do Fear, ou "Blood Bath", do Drunks with Guns? É o jeitinho especial deles de te lembrar que *eles odeiam essa merda de emprego*.

A Fita do Rádio

Na época em que as pessoas ouviam rádio, havia uma fita à mão nas *boomboxes* o tempo todo para registrar os novos hits quentes da semana. A introdução era sempre cortada e o DJ entrava tagarelando por cima no final. Gravávamos também estática, comerciais e *jingles*, mas todo esse ruído só somava à autenticidade da gravação de campo. A fita do rádio te transporta imediatamente para o momento e o local em que você ouviu as músicas pela primeira vez. Você está *lá*, meu amigo. Conheci uma garota que tinha uma fita do rádio com "Rock Me Amadeus" cinco ou seis vezes consecutivas em cada lado; ela simplesmente botava para gravar sempre que ouvia a música.

A Fita de Caminhada

Algumas pessoas gostam de fazer fitas para exercícios e levá-las para a academia, mas não consigo conceber por quê. Qualquer música que eu escute numa academia está arruinada para sempre. No entanto, gosto de fazer muitas caminhadas, que pedem músicas de guitarras longas e viajadonas. Sempre que ouço Byrds ou Buffalo Springfield, me lembro de um dia de primavera em Charlottesville quando escalei acidentalmente a Dudley Mountain, nos arredores da cidade – eu não sabia que era uma montanha até estar no topo dela, sendo que o único caminho de volta era descer caminhando. Eu só tinha uma fita no Walkman, então a ouvi continuamente, do começo ao fim, por cerca de dez horas. O acorde de abertura de "What's Happening?!?!", dos Byrds, ainda faz minhas pernas doerem.

Há muito mais de onde essas vieram. A fita de drogas. A fita de ir e voltar do trabalho. A fita de lavar a louça. A fita do chuveiro. A compilação de boas canções de álbuns ruins que você nunca mais quer ouvir. Os maiores sucessos da pilha de discos do seu cônjuge, na noite antes do rompimento. Há milhões de canções no mundo e milhões de maneiras de conectá-las em mixtapes. Fazer essas conexões é parte da diversão de ser um fã de música.

Acredito que, quando você faz uma mixtape, está fazendo história. Você saqueia os cofres, vai embora com o que consegue carregar e reprograma tudo aquilo que pegou de qualquer jeito em algo novo. Você examina a carreira inteira de um artista e mira naquele momento único que te faz querer pular, dançar, fumar morcegos e arrancar cabeças de drogas. E aí você coloca esse momento para tocar sem parar.

Uma mixtape rouba esses instantes de todos os cantos do cosmo musical e os costura em um ritmo totalmente novo.

Walter Benjamin, em seu presciente ensaio de 1923 *Rua de Mão Única*, disse que um livro era um meio antiquado de comunicação entre duas caixas de fichas. Um professor lê livros à procura de trechos de bom gosto para copiar em fichas. Depois datilografa as fichas num livro, para que outros professores possam lê-lo e copiar trechos de bom gosto em suas próprias fichas. A piada de Benjamin era: por que não simplesmente vender as fichas? Acho que é por isso que trocamos mixtapes. Nós, fãs de música, amamos nossos álbuns clássicos, nossas obras-primas irretocáveis, nossos *Blonde on Blondes* e nossos *Talking Books*. Mas amamos colher canções desses álbuns e misturá-las a outras, lançando-as de volta ao resto do turbilhão frenético do rock 'n' roll. Prefiro ouvir "Getting Better", dos Beatles, numa mixtape do que no *Sgt. Pepper*, sem sombra de dúvida. Prefiro ouvir uma música do Frank Sinatra entre o Run-DMC e o Bananarama do que entre duas outras músicas do Frank Sinatra. Quando você inclui uma canção numa fita, você a liberta.

As mixtapes em sua maioria são hoje CDs, porém as pessoas ainda as chamam de mixtapes[7]. A tecnologia muda, mas o espírito é o mesmo. Posso armazenar semanas a fio de música no meu iPod e selecionar o shuffle para que ele toque uma mix diferente a cada vez. Posso pegar o iPod de alguém emprestado e carregá-lo com canções das quais acho que a pessoa vai gostar. Posso conversar com um amigo ao telefone, mencionar uma ou outra música, baixá-las no LimeWire enquanto falamos e colocá-las para ouvirmos juntos. Hoje, o mundo do hip-hop prospera nas mixtapes, com artistas que circulam suas rimas pelas ruas com CDs queimados por conta própria. Nunca são fitas, do ponto de vista técnico, mas são sempre chamadas de mixtapes mesmo assim, afinal fitas são sempre *cool*.

---

[7] Este livro foi publicado originalmente em 2007, portanto, bem anterior às playlists dos serviços de streaming que temos hoje – embora os processos que Sheffield descreve em seguida também se adaptem a elas. (N. do T.)

Compartilhar música é uma necessidade fundamental do ser humano, e, seja lá como a tecnologia evoluir, a música continua se movendo. O pai de Renée, Buddy, tem um arquivo no computador que recebeu por e-mail de seu primo Jerry. São fitas de rolo feitas nos anos 50 na casa dos pais dele, na Virginia Ocidental, com o pai tocando violão e os filhos harmonizando. Na época, eles se sentavam em círculo e soltavam a voz a noite toda. Buddy e seus irmãos cantavam "Cool Water", dos Sons of the Pioneers. A mãe sempre entoava sua favorita, "Wedding Bells", de Hank Snow. O pai fazia uma serenata para ela com algumas das antigas canções de Merle Travis, como "Fat Gal" e "I Like My Chicken Fryin' Size". Renée me contou sobre essas noites da sua infância, longas noites de verão em que ela se deitava no chão na casa dos avós e ouvia as tias e os tios cantarem aquelas canções longínquas. Porém ela nunca chegou a escutar nenhuma dessas gravações caseiras, porque, na década de 70, ninguém mais tinha gravadores de rolo, então elas ficavam guardadas, sem uso. Foi só depois que ela morreu que o primo Jerry encontrou as velhas fitas, digitalizou-as e as enviou por e-mail. Hoje, Buddy pode sentar-se ao computador e retornar àquela cabana na Virginia Ocidental, ouvindo seu pai cantar "So Round, So Firm, So Fully Packed" para sua mãe.

Ouço música praticamente o tempo inteiro em que estou acordado. Sou jornalista da *Rolling Stone*, o que significa que meu dia de trabalho típico consiste em ouvir bandas tocarem e ouvir discos. Vivi a vida absurda de um jornalista de rock. Vi o Aerosmith ligar para o serviço de quarto para pedir incenso e lidar com um telefone de hotel que não parava de tocar arrancando-o da parede. Ouvi Britney Spears surtar ao celular numa limousine. Certa vez, dividi um elevador com Madonna. Comi batata frita no ônibus de turnê do Linkin Park, compartilhei curas para ressaca com Ryan Adams, debati letras de Dylan com Richard Gere, cantei no karaoke com os Yeah Yeah Yeahs. Fumei maconha no Soho Grand Hotel com o Massive Attack (não voltarei a fazer isso – caramba, como a maconha desses caras era forte). Na MTV, Carson Daly me apresentou como "o homem que sabe de música assim como um MasterChef sabe fazer um strogonoff de carne", e, embora até hoje eu não tenha certeza do que ele quis dizer com isso, pressinto fortemente que foi um elogio. Já assisti a mim mesmo no VH1 falando de letras imundas do Frankie Goes to Hollywood na frente da minha mãe – foi uma merda. Billy Corgan e Scott Weiland me denunciaram. Shirley Manson, do Garbage, criticou meu corte de cabelo. Ela estava certa – aquele corte era uma merda. Já mencionei que dividi um elevador com a Madonna?

Construí minha vida inteira em torno do amor à música e me cerco dela. Estou sempre correndo para encontrar a minha nova canção favorita. Porém nunca parei de ouvir minhas mixtapes. Todo fã de música as faz. Os momentos que você viveu, as pessoas com quem você compartilhou esses momentos – nada traz isso tudo à vida como uma boa e velha mixtape, que armazena lembranças melhor do que o próprio tecido cerebral. Toda mixtape conta uma história. Junte uma coleção delas e você terá a soma da história de uma vida.

BOOGIE DOS PATINS

DEZEMBRO DE 1979

A LADO A
DATA/HORA

Van Halen: "Dance the Night Away"
Gary Numan: "Cars"
J. Geils Band: "I Could Hurt You"
Donna Summer: "Dim All the Lights"
Cheap Trick: "Surrender"
ELO: "Turn to Stone"
Blondie: "Heart of Glass"
Boston: "Don't Look Back"
Donna Summer: "Bad Girls"
Foreigner: "Feels Like the First Time"
Lynyrd Skynyrd: "Free Bird"

B LADO B
DATA/HORA

M: "Pop Muzik"
Michael Jackson: "Don't Stop Till You Get Enough"
J. Geils Band: "Musta Got Lost"
The Knack: "My Sharona"
Pink Floyd: "Another Brick in the Wall"
Rolling Stones: "Wild Horses"
Michael Jackson: "Off the Wall"
Aerosmith: "Dream On"
Earth Wind & Fire: "September"
J. Geils Band: "Give It to Me"
Led Zeppelin: "Stairway to Heaven"

A*ssim como tantas outras histórias*, esta começa da seguinte forma: "Eu era jovem demais para saber". Assim como muitas histórias que começam com "Eu era jovem demais para saber", esta envolve o Cheap Trick.

Sou um homem de poucos arrependimentos. É claro, me arrependo de ter gastado dinheiro para assistir a *Uma Festa no Ar* e me arrependo de ter feito uma viagem de ônibus pelas paisagens da região holandesa da Pensilvânia quando poderia ter ficado em casa assistindo ao fim de semana do David Lee Roth na MTV. (Haverá muitos outros fins de semana do David Lee Roth, eu disse a mim mesmo. Onde eu estava com a cabeça?) Porém, mais do que tudo, arrependo-me de ter feito 13 anos e de ter permanecido assim por mais ou menos a década seguinte. Sempre que eu desenterro uma das fitas da minha adolescência, é como percorrer a Via-Crúcis, reviver uma manobra dolorosamente ruim após a outra.

Boogie dos Patins é uma relíquia dos – adivinha – anos 70. É uma fita que fiz para o baile da oitava série. Ainda toca, apesar de as engrenagens estarem um pouco emperradas e a qualidade do som ser terrível. É uma TDK de 90 minutos e, assim como tudo que foi feito nos anos 70, é bege. Ela me transporta para o outono de 1979, quando eu era um moleque católico tímido, espasmódico e vestido de veludo cotelê dos subúrbios de Boston, arrasado com os Red Sox de 1978. O prefixo "des" e a palavra "agradável" nunca combinaram de forma tão passional quanto na minha pessoa de 13 anos. Meu corpo, meu cérebro, meus cotovelos que despontavam feito canivetes, meus pés que se enganchavam na corrente da minha bicicleta e, acima de tudo, minha alma – tudo isso formava o colchão de água sobre o qual *des* e *agradável* faziam um amor daqueles, com toda a intensidade de Burt Reynolds e Rachel Ward em *Caçada em Atlanta*.

O único motivo pelo qual concorri ao conselho estudantil foi para entrar no comitê de atividades sociais, o que significava planejar a única parte disso com a qual eu me importava de verdade: a música. Tivemos três bailes naquele ano, nos quais fiquei com o desejado trabalho de providenciar suas fitas.

Desnecessário dizer que precisei incluir "Free Bird" e "Stairway to Heaven". As outras foram seleções minhas. Como você pode ver pela lista acima, eu entendia tanto de bailes escolares quanto de sexo tântrico. *Boogie dos Patins* contém alguns dos sons menos dançantes já selecionados para sacudir o esqueleto. Meu Jesus de patinete! Por que é que eu coloquei "Don't Look Back", do Boston, numa fita de baile? Por que pensei que alguém rebolaria ao som de ELO? Por que não fui linchado com uma saraivada de ovos pelos meus colegas quando a *terceira* música da J. Geils Band começou a tocar?

Mas vamos lá, eu era o único aluno que queria esse trabalho e o levei a sério. Peguei discos emprestados do pessoal da escola, garotos que normalmente teriam preferido me confiar suas escovas de dentes, aparelhos móveis e freios ortodônticos do que seus discos. Mergulhei em obras-primas gloriosas da década de 70, tais como o lado A dos primeiros álbuns do Boston, do Led Zeppelin e do Van Halen e o lado B do primeiro álbum do Boston. Passei a considerar o segundo disco ao vivo da J. Geils Band imensamente inferior ao primeiro. Fiquei me perguntando o significado da letra de "Stairway to Heaven".

Eu nunca tinha dado uns amassos, fumado, bebido, desrespeitado a lei, incendiado um carro, vandalizado um cemitério ou usado meias combinando. Mas tinha a paixão pelo rock 'n' roll; era um Dr. Johnny Fever no corpo de um Les Nessman[8]. Ninguém conseguia entender verdadeiramente minha busca pelo rock – exceto talvez Annie, minha dançarina favorita do programa *Solid Gold*. Eu não entendia bulhufas de interação social e morria de medo de garotas. Tudo o que sabia era que a música iria fazê-las se apaixonarem por mim.

Assim encarei minhas tarefas de DJ com a mesma reverência que encarava as missas de domingo como coroinha; aproximei-me do meu santuário estéreo e me ajoelhei. Levantei cada hóstia de vinil em direção aos céus. Revelei o ostensório cassete: "Recebam, todos vocês, o rock. Este é o sangue da nova e eterna comunhão. Será partido por vocês e por todos do rock, para que o rock possa ser adorado e glorificado".

Heidi, da aula de álgebra, puxou-me de lado no corredor e me entregou sua cópia de *Hot Rocks*, dos Rolling Stones. Ela sequer esboçou um sorriso. "'Wild Horses'", disse. "É música lenta. As garotas gostam." Ela só soltou

---

[8] Personagens da *sitcom* norte-americana *WKRP in Cincinnati*, exibida pela CBS entre 1978 e 1982 e que retratava o cotidiano de uma estação de rádio fictícia. Dr. Johnny Fever era o DJ roqueiro cínico e encrenqueiro, enquanto Les Nessman era o repórter engomadinho e correto, de uma seriedade absurda, ainda que incompetente. (N. do T.)

o disco depois que garanti que tocaria "Wild Horses", e então desapareceu pelo corredor. Foi a única conversa que tive com ela.

"Rock, não sou digno de recebê-lo. Porém, só diga a palavra e eu serei curado."

"Sabe, ninguém liga para a música nesses bailes", meu pai me disse. "Vão para conhecer garotas." Ri por entre os dentes. Ah, pai, você não sabe nada do que está falando.

O dilema do baile da oitava série é que meninos e meninas usam a música de maneiras diferentes. As meninas curtem as músicas para dançar, aquelas com vocais fortes e melodias pegajosas. Os meninos, por outro lado, gostam de músicas que eles podem melhorar fazendo letras pornôs, tipo: "*Girl, you really got me goin', I don't know who you're blowin'*" ou "*Eleanor Rigby, blowing the groom in a church where a wedding has been*" ou "*Something in the way she blows me*" ou "*And though she was born a long, long time ago, your mother should blow*"[9]. E por aí vai.

Eu ouvia a rádio de rock WCOZ na oitava série e dormia sob um pôster da emissora que mostrava um robô espacial gigante usando um sabre de luz para escrever "94.5 FM" no próprio tecido da galáxia. Tinha pais rock 'n' roll que ouviam o programa de clássicos do radialista Famous Jim Sands na WBZ o tempo todo. Bailavam na cozinha ao som de canções como "In the Still of the Night". Assistiam a *Dias Felizes* conosco e nos explicavam que, na verdade, o Fonz não era tão descolado, pois gostava de Frankie Avalon. Na nossa casa, o rádio vivia ligado. Até a nossa babá, Regina, uma senhora irlandesa maluca de Dorchester, fumava um cigarro atrás do outro na cozinha e cantava junto com Dionne Warwick a plenos pulmões nico-

---

[9] "Garota, você me deixou daquele jeito, não sei quem você está chupando"; "Eleanor Rigby, chupando o noivo numa igreja onde um casamento aconteceu"; "Tem alguma coisa no jeito com que ela me chupa"; "E apesar de ela ter nascido há muito, muito tempo, sua mãe deve chupar."

tinados quando não dava conselhos amorosos às minhas irmãs, tais como "nunca lhes dê nada de graça".

Eu tinha três irmãs mais novas – Ann, Tracey e Caroline – e todos nós éramos devotados a nossos rádios. Compramos o primeiro disco juntos, cada um colaborando com dois dólares, *The Best of the Monkees*, adquirido de um anúncio na TV. Eu adorava os Monkees, mas morria de medo do Micky Dolenz. Por algum motivo, coloquei na cabeça que o Micky Dolenz era o que acontecia se você fumasse maconha – fazia caretas, falava alto demais, incomodava todo mundo. Fiquei convencido de que Micky era desse jeito por causa das drogas, o que também explicava sua bata – ele obviamente era um bom garoto irlandês que dera errado. Suspeito que, ao longo da vida, minhas experimentações com substâncias foram severamente cerceadas pelo espectro de Micky Dolenz.

Ann e Tracey eram do time de basquete, então aprendiam coreografias maneiras para combinar com músicas disco como "It's Raining Men" e "We Are Family". Eu adorava esses sucessos da disco, mas estava ciente de que era melhor manter segredo na frente de outros garotos. Minhas irmãs também curtiam Rick Springfield. Todo dia, depois da aula, eu assistia a *General Hospital* com elas, para ver se Rick finalmente ia fazer aquela mágica de passar-a-noite-juntos com Bobbie Spencer. Certa noite, meus pais levaram Tracey e as amigas dela para um show do Rick Springfield no Providence Civic Center. Ao saírem do estacionamento, ficaram atrás de um ônibus que todo mundo concordou que *tinha* de ser o ônibus de turnê do Rick Springfield. Meu pai o seguiu por toda a I-95 até Boston, com quatro garotas gritando no banco traseiro. Perderam o ônibus de vista na Southeast Expressway, pertinho da saída para Chinatown, mas meu pai passou por todos os hotéis do centro da cidade para que as garotas pudessem invadir os *lobbies* e perguntar se o Sr. Springfield estava hospedado ali. A senha do computador de Tracey até hoje é MUS-134, a placa do ônibus do Rick.

Sempre invejei meus amigos que tinham irmãos mais velhos para guiá-los pela terra devastada da adolescência. Saíam com vantagem. Meu vizinho Jeff, da casa do lado, tinha um irmão mais velho, Barry, e uma irmã mais velha, Susan. Eu sempre me sentava na árvore no nosso quintal e inspirava a aura deles. Todo fim de semana, Barry vestia uma camiseta estampada com a capa do primeiro álbum do Boston e lavava seu Trans Am na frente da casa, ouvindo "Peace of Mind" a todo volume. Tinha um quarto no porão com luz negra, guitarras e uma piranha num aquário. Havia tardes em que ele nos deixava observar a piranha comer peixes-dourados. Ele tinha também uma namorada chamada Nancy, a quem não nos deixava observar de jeito nenhum.

Susan era uma legítima garota dos anos 70, com o cabelo loiro à Farrah Fawcett e tudo, uma trança pendendo para um lado do rosto. Seu nome na radiocidadão era Whammer Jammer, por causa de uma música da J. Geils Band. Certa vez, eu estava na árvore e a vi na varanda com um garoto. Torci para que ela não me visse, mas ela veio conversar comigo. "Você não vai contar para a minha mãe que eu estava fumando, né?" "É claro que não", respondi. Ela me deu um beijo na bochecha e disse: "Você é um fofo". Para mim, ela era mais do que uma mulher.

Todo dia, Susan voltava da escola e fazia o mesmo ritual: abria a janela do quarto e colocava para tocar um ou ambos seus álbuns favoritos, *Rumours*, do Fleetwood Mac (só o lado B), e *Silk Degrees*, do Boz Scaggs (só o lado A). Às vezes, só ouvia suas músicas preferidas. Escutava "Georgia", do Boz Scaggs, por horas, levantando e voltando a agulha. Se não estivesse no clima para "Georgia", escolhia a segunda metade de "The Chain", do Fleetwood Mac, que começava com o *riff* de baixo e caía para o mantra "*the chaaa-yaaay-yaaain!*". Eu me sentava na árvore e espiava a janela de Susan, tentando imaginar sua comunhão intensa com a música e como deveria ser estar na alma dela em momentos como aquele.

Quando você é criança, há um fascínio pelo mistério daquilo que os garotos mais velhos fazem, e, para mim, esses mistérios eram associados à música. A música que eu amava sempre me fazia morrer de medo, com os conceitos nebulosos de "sexo" e "drogas". Eu me sentava no porão com Eddie e Jimmy Durfer para ouvir discos como *Bat Out of Hell*, do Meat Loaf, ou *Alive II*, do Kiss, tentando decifrar os enredos. A música era repleta de perigo. Cada nota evocava o terror dos livros de combate às drogas que eu lia na escola, como *Go Ask Alice* ("Querido diário, os esquilos estão comendo o meu rosto de novo") ou *That Was Then, This is Now* ("As cores gritavam comigo! O roxo era o que gritava mais alto!"). Na escola, estudávamos *2112*, do Rush, e *O Senhor dos Anéis*. No refeitório, eu olhava ansioso para o meu achocolatado e me lembrava de como batizaram o da Alice na festa do pijama. Será que havia alguém tirando no palitinho qual almoço seria batizado? Será que a minha professora seria capaz de fazer tal coisa? Por que não seria? Ela curtia O *Senhor dos Anéis*. Eu estava a um bigode de achocolatado de distância de me afundar num buraco de pés descalços e dormitórios improvisados e de entradas de diário do tipo "mais um dia, mais um boquete" até a minha *overdose* de maconha fatal e inevitável.

Porém mal podia esperar para o baile da oitava série – seria a culminação dos meus anos de obsessão pelo rock. Passei dias quebrando a cabeça naquelas fitas.

"Ei, eu gosto desta", disse minha mãe. "*We will, we will rock you!* Essa música gruda!"

Apaguei "We Will Rock You".

Na noite do baile, a turma toda se reuniu no Strauss Hall. As meninas estavam muito descoladas em seu lado do salão, um redemoinho de veludo e água-de-colônia Love's Baby Soft. Já os meninos não estavam tão descolados. Sempre que uma música roqueira começava a tocar, as meninas se sentavam. Era o suficiente para te fazer duvidar do compromisso delas com o rock. Quando os meninos sacavam as *air guitars*, as meninas estacionavam as etiquetas Calvin Klein de seus jeans confortavelmente nos bancos. Na verdade, quanto mais os meninos curtiam o rock, mais as meninas se afastavam. Naquela noite, aprendi a duras penas: se as meninas não param de dançar, todo mundo fica feliz. Se as meninas não dançam, *ninguém* fica feliz.

As meninas se animaram com "Pop Muzik", "Heart of Glass" e "Bad Girls". Os meninos ficavam de bobeira e esperavam por hinos do rock para tirar a camisa de dentro da calça e cantar junto com "Hot Blooded", cuja letra, por alguma estranha coincidência, diz a mesma coisa que o título. No entanto, nem toda a majestade do rock era capaz de impressionar aquelas garotas; não conseguiu comover seus corações de pedra, apesar da grandiosidade catedrática do solo de guitarra de Tom Scholz no segundo movimento de "Don't Look Back", do Boston. Convidar uma colega para dançar já era assustador o bastante com músicas das quais elas gostavam. Com uma canção que envolve violões e metáforas elaboradas sobre rebuliços em cercas-vivas?[10] Fora de cogitação! As meninas não queriam saber se a versão de "Carry On Wayward Son" na fita do baile era ao vivo ou a de estúdio. Na verdade, elas sequer queriam ouvir "Carry On Wayward Son". Qual era o problema dessa gente?

Foi uma noite dolorosa, mas entendi o recado: deixe as garotas bailarem. É a única regra de aço da música pop, seja em Nova York, Londres, Paris ou Munique, e tenho a sorte de tê-la aprendido tão cedo. Sempre fui ensinado não só a temer a disco music como a temer a disco music que há dentro de mim. Porém, na segunda estrofe de "Bad Girls", ficou óbvio que tudo o que eu sabia estava errado. "*Toot toot, beep beep*" era significativo num nível muito mais profundo do que eu poderia ter compreendido.

---

10 "*...a bustle in your hedgerow...*"

Para mim, foi uma lição de humildade, bem como minha introdução ao princípio do "*bitch power*", como elucidado originalmente pelo grande filósofo do século 20 Rick James. O *bitch power* fez minha cabeça explodir. Rick explicou tudo numa edição da revista *Creem* que eu carregava na mochila. Segundo Rick James:

> É meio que uma síndrome – em que se um cara vê sua namorada curtindo alguém, isso se chama "*bitch power*". Assim como Elvis Presley era odiado pelos homens, *odiado*, porque tinha *bitch power*. Teddy Pendergrass tem *bitch power*. Acabei de descobrir que *eu* tenho um pouco de *bitch power*. Mas, para além do *bitch power*, tenho outra coisa, algo de que os homens *gostam* – e essa é a *verdade*, essa coisa pé no chão, OK? Então os homens não se importam em trazer suas mulheres para me ver, porque tenho *bitch power*, mas de um outro jeito.

Se devemos confiar em Rick – e sempre devemos –, *bitch power* é o sumo, o suor e o sangue que mantêm a música pop viva. Rick James me ajudou a entender a lição do baile da oitava série: o *bitch power* domina o mundo. Se as garotas não gostam da música, elas se sentam e param o show. Se você quer dar um show, precisa de plateia. E as garotas *são* o show. Estamos falando de uma monarquia absoluta, sem regras de sucessão. *Bitch power*. Ele deve ser obedecido. Ele deve ser temido.

Com 13 anos, eu tinha motivos de sobra para temer o *bitch power*. Porém, quando ele bateu à porta, não tive escolha. Fiz uma reverência e mostrei minha adoração. *Toot toot, beep beep*. Mas tenho de admitir, não me arrependo de ter incluído a versão ao vivo de "Dream On", do Aerosmith. Escolhi a canção porque era uma música lenta, e sua versão ao vivo porque Steven Tyler grita "*motherfucker*" na segunda estrofe ("*all the things you do, motherfucker, come back to yooouuuuu!*"[11]), e isso era legal *demais*. Na hora desse verso, joguei o volume no máximo, na esperança de incitar a ira dos professores de matemática que nos supervisionavam, sem me dar conta de que eles estavam chapados demais para se ligar. Eu também sabia que "Dream On" vinha logo depois de "Beast of Burden" e decidi tirar vantagem desse conhecimento interno. Inocentemente, escolhi esse momento para convidar a bela Sarah Farrah do Hockey de Grama para dançar, antes que ela ou qualquer um ali soubesse que era hora da música lenta do Aerosmith. Foi uma das coisas mais ousadas que fiz na vida, mas paguei um preço. Enquanto eu abraçava a cobiçada cintura de Sarah Farrah do Hockey de Grama e freneticamente tentava esconder a minha ereção, meus amigos faziam caretas para mim pelas costas dela, na tentativa de me fazer rir. Enquanto Steven Tyler sonhava até que seus sonhos se tornassem realidade, Sarah Farrah do Hockey de Grama me perguntava com um sorrisinho: "Do que você está rindo?". O horror. O horror.

---

[11] "tudo o que você faz, filho da puta, volta pra você!"

FITA 635

JUNHO DE 1980

A LADO A DATA/HORA	B LADO B DATA/HORA
Cheap Trick: "Surrender"	Cheap Trick: "Ain't That a Shame"
Boz Scaggs: "Lowdown"	Cheap Trick: "Clock Strikes Ten"
ELO: "Turn to Stone"	The Guess Who: "American Woman"
ELO: "Sweet Talkin' Woman"	Supertramp: "The Logical Song"
Steely Dan: "Reelin' in the Years"	Led Zeppelin: "Stairway to Heaven"
The Cars: "Just What I Needed"	Rolling Stones: "Jumpin' Jack Flash"
The Eagles: "Life in the Fast Lane"	Rickie Lee Jones: "Chuck E.'s in Love"
Rolling Stones: "Satisfaction"	Gerry Rafferty: "Get It Right Next Time"
Lynyrd Skynyrd: "Free Bird"	The Knack: "My Sharona"
Queen: "Bohemian Rhapsody"	J. Geils Band: "Where Did Our Love Go"
Fleetwood Mac: "Go Your Own Way"	Cheap Trick: "Dream Police"
	Nick Lowe: "Crackin' Up"
	Squeeze: "Cool for Cats"

O *Acampamento Dom Bosco, em East Barrington, New Hampshire*, era um acampamento de verão católico para garotos entre 8 e 15 anos, administrado por padres e irmãos salesianos. Acampei lá nos verões de 1980 e 1981. Ficava no meio de uma floresta de pinheiros, a quatro horas ao norte de Boston, com um lago e vales gramados, distante de qualquer outra habitação humana. São João Bosco (1815–1888) foi um padre italiano, canonizado em 1934, que fundou a Congregação Salesiana para levar o evangelho a garotos carentes.

Quase todos os campistas eram garotos ítalo-americanos de East Boston que também frequentavam escolas vocacionais salesianas. Outros, eu incluído, vinham dos subúrbios ou de outras partes da Nova Inglaterra. Uma pequena minoria era de garotos do interior que não falavam com ninguém. Havia três chalés: o St. Pat's, para os pequenos; o Savio, para os do meio; e o Magone, para nós, os maiores.

O irmão Larry, responsável pelo Magone, era uma boa alma, sempre disposto a discutir problemas religiosos num piscar de olhos. Ele percorria o chalé por uma hora todas as noites depois que as luzes se apagavam, para se certificar de que ninguém estivesse cometendo onanismo. Foi ele quem me ensinou a atirar com um rifle; ainda tenho uns dois certificados de "Atirador Avançado" do NRA, no sótão da casa dos meus pais.

O irmão Joe era um motoqueiro que já tinha cumprido pena na cadeia. Era o responsável pelo chalé Savio, o que significava intimidar qualquer moleque do Magone que tentasse importunar os garotos do Savio. Havia rumores de que ele carregava um canivete.

O irmão Joe adorava falar sobre como Jesus não era um frouxo.

"Estão vendo aquele cara ali, crucificado?", ele berrava. "Estão vendo? As mãos dele estão fechadas? NÃO! Ele está cerrando os punhos? NÃO! O que isso significa para vocês?"

Nós nos encolhíamos acovardados.

"Significa algo *para mim*."

Encolhíamos ainda mais.

"Significa que ele poderia simplesmente ter descido da cruz quando quisesse, descido e ACABADO com todos aqueles gladiadores romanos filhos da puta. Mas ele deixou as mãos ABERTAS! Ele deixou quieto! Por VOCÊS! E vocês ficam aí sentados olhando pra esse cara morto lá em cima e *nem percebem!*"

O irmão Joe era maneiro demais.

O irmão Dave, cantor folk, usava barba e sandálias como Jesus. Na missa, tocava violão e cantava composições de sua autoria, como "Dare to Be

Different". Havia uma vaga sensação de que os outros irmãos não o aceitavam completamente como igual.

O irmão Al era um polonês jovial, com um bigode à Gabe Kaplan. Certa vez, ele literalmente lavou a boca de um moleque com sabão, eu mesmo vi. Randall falou o nome do Senhor em vão, aí o irmão Al perdeu as estribeiras e o arrastou até a pia nos fundos do chalé com um sabonete Irish Spring.

Salesianos têm seus próprios ícones e folclore – quando ficam bravos, gritam "Madre Cabrini!". Sempre contavam histórias mágicas sobre Dom Bosco, que tinha visões, e São Domingos Sávio, que morreu de tuberculose aos 15 anos após dormir nu para pegar um resfriado como penitência por seus pecados. O sexo, a morte e a mistagogia italiana estavam no ar! Eba!

Havia um estigma contra admitir que se treinava para ser coroinha, porque isso significava admitir que você vestia batina e sobrepeliz. Eu era o único garoto no Acampamento Dom Bosco que admitia ser coroinha quando voltava para casa, então servi duas missas por dia ao longo de todo o verão. Mas adorava a batina e a sobrepeliz, tocar os sinos, acender as velas – era como ser um *roadie* glam rock para Deus. Isso pode ter me rendido o desprezo dos meus companheiros de acampamento, mas me deu uma oportunidade de criar vínculos com a irmã Veronica e a irmã Catherine, as freiras que cuidavam da capela. Enquanto os outros meninos andavam a cavalo ou jogavam basquete, eu alinhava a batina e a sobrepeliz. Em Boston, minha parte favorita da missa era a comunhão, quando, do altar, eu segurava uma bandejinha dourada sob os queixos das pessoas. As gatinhas faziam fila para a comunhão (*Confesso ao Deus Todo-Poderoso*); se ajoelhavam (*e a vocês, meus irmãos e irmãs*), baixavam os olhos com discrição (*eu pequei por falha minha*) e colocavam a língua para fora (*e nos meus pensamentos e nas minhas palavras*). Suas línguas brilhavam, refletidas na bandeja dourada, e, como a hóstia era seca, elas talvez lambessem os lábios (*e peço à Virgem Ma-*

ria, a todos os anjos e santos, e a vocês, meus irmãos e irmãs) antes de engolir (*que rezem por mim ao Senhor nosso Deus*). Fiz tudo o que pude para não desmaiar.

Eu era um pouco psicopata em relação à religião. Meu mal-estar adolescente encontrou uma linguagem no sangue e na glória da angústia católica. Todos os jovens levam uma vida dupla secreta, e essa era a minha. Dormia com *Imitação de Cristo*, de Tomás de Kempis, debaixo do meu travesseiro. Idolatrava Santa Rosa de Lima, que esfregava pimenta pura no rosto para que sua beleza não fosse uma tentação à castidade alheia. Devotava-me a dominar o saber oculto *underground* do *hardcore* católico – *Vidas dos Santos*, do reverendo Alban Butler, de Agostinho de Hipona e do meu mano Tomás de Aquino – à maneira como outros garotos se devotavam a *Dungeons & Dragons* ou à *Trilogia da Fundação*, de Asimov. Minha bússola moral foi moldada principalmente pelo Concílio Vaticano II, além do episódio do seriado *Welcome Back, Kotter* em que Arnold Horshack se recusa a dissecar um sapo.

Numa primavera, decidi abandonar a música do mal durante a Quaresma. Foram sete semanas ouvindo rádio e tentando decifrar quais canções eram do mal e quais eram apenas *sobre* o mal. Decidi que "Sympathy for the Devil", dos Stones, era OK porque era antidiabo, já "Friend of the Devil", do Grateful Dead, pegava leve com Satã. Dei-me permissão para continuar curtindo "People Who Died", de Jim Carroll, pois era tão saturada de mal, que acabava sendo uma crítica a ele, mas não "Walk on the Wild Side", do Lou Reed, que era só o mal puro. Gravei *London Calling* numa fita especialmente editada para omitir a parte sobre foder com freiras. Esses julgamentos teológicos faziam minha cabeça doer, e eu fiquei aliviado quando a Quaresma acabou. Na manhã de Páscoa, me deleitei com "Walk on the Wild Side".

Meus heróis no rock eram marginais desvairados como Lou Reed, Bob Dylan e David Bowie, caras que lançavam sorrisinhos irônicos para a dor de cotovelo por trás de seus óculos de aço e aro grosso. Eles me davam a esperança de que adolescentes excluídos poderiam vir a ser alguém quando crescessem, além de cadáveres ou caricaturas. Jesus era o meu Major Tom. "Meu reino não é deste mundo", disse ele – e Bowie também. Isso tinha a ver com toda aquela ideia católica de criar os seus próprios santos, encontrar ícones de divindade no mundano. Como religião, o bowieismo não parecia tão diferente do catolicismo – só a saia que era um pouco mais curta. É claro, quando a Madonna apareceu, era um Vaticano III de uma mulher só, mas, a essa altura, eu já tinha todos os santos *rock stars* que podia aguentar.

No Acampamento Dom Bosco, havia Bíblias por todo o lugar, em sua maioria versões hippie dos anos 70, como *Boas Novas para o Homem Moderno*. Os títulos eram maneiros, como *A Palavra* ou *O Caminho*, e as traduções eram em "inglês contemporâneo", o que significava que Saul berrava com Jonatas: "Seu filho da puta!" (I Samuel 20:30). Demais! Na versão do Rei Jaime, esse verso é "Filho da mulher perversa e rebelde", que em comparação não tem a menor graça. Talvez aquelas traduções viajassem um pouco. Lembro que uma das Bíblias traduzia a inscrição na cruz, "INRI" (Iesus Nazarenus Rex Iudaeorum – Jesus Nazareno, Rei dos Judeus), como "MMOD" (Mesma Merda, Outro Dia), e em outra, na descrição da *Última Ceia* – a noite anterior à morte de Jesus, morte que ele aceitou livremente –, ele reparte o pão entre os discípulos e lhes diz: "É melhor queimar de uma vez do que se apagar aos poucos", mas essas lembranças podem ser capciosas.

Conheci um garoto no Acampamento Dom Bosco que era louco pelos Beatles, o que foi como encontrar ouro. Aldo Rettagliatti e eu passamos horas debatendo as pistas de que Paul estava morto e *Abbey Road* (o favorito dele) *vs.* o Álbum Branco (o meu favorito). Como estávamos no meio do mato, sem rádio e com uma porção de folhetos religiosos ao nosso redor, logo entramos num papo Beatle católico-místico. Elaboramos ideias sobre como "Revolution 9" reescrevia o capítulo 9 do Apocalipse. Levamos nossa teoria ao irmão Larry, mas ele nos garantiu que o Apocalipse era difícil demais para nós interpretarmos, e, além disso, não foi escrito por Jesus, e, de um jeito ou de outro, tudo o que vinha depois do *Sgt. Pepper* não prestava.

Socialmente, os campistas se dividiam em três grupos: valentões, espertos e frouxos. Os frouxos passavam o verão sob o perigo constante dos valentões, enquanto os espertos tentavam escapar de situações violentas na base da risada, o que, na maior parte do tempo, consistia em zoar os frouxos. Eu era um esperto, exceto quando meu frouxo interior escapava por debaixo da minha batina e da sobrepeliz.

O Acampamento Dom Bosco foi o meu primeiro grupo de pares masculino, e foi um choque descobrir que meninos eram, na verdade, imbecis. O mistério que eu sempre achei que envolvia os valentões simplesmente desapareceu. Eis aqui uma conversa verídica que ouvi nas mesas de piquenique na frente da cantina num daqueles verões:

RANDALL: E então, quantas vezes você já fez com ela?

POLITANO: Nenhuma. Ela é uma vadia virgem.

RANDALL: As virgens são as piores! Demora demais pra rolar!

POLITANO: Mas, quando rola, as virgens são as melhores.

RANDALL: Mas demora demais!

Randall era um otário de 14 anos e soava como um verdadeiro idiota se gabando sobre sexo, mas andava com os valentões porque seu melhor amigo era o mandachuva Mike Moriarty, um sociopata sósia do Scott Baio. O único garoto que tinha permissão para zoar Randall era o irmão mais novo de Moriarty, que ficava no St. Pat's. Spaz era um menino minúsculo de Dorchester que perdia mais brigas do que ganhava, mas era maluco e brigava com *todo mundo*, então ganhava o respeito normalmente reservado aos valentões que passavam o tempo livre o surrando. Spaz usava um escapulário no pescoço, um cordão de medalhões sagrados que o consagravam à Virgem Maria. Supostamente, se você morrer usando um desses, vai direto para o Céu. Porém, certa noite, o irmão Al nos contou uma história que servia de alerta sobre um homem que achava que conseguiria se safar seguindo o caminho do pecado só porque usava o escapulário. "Ele levava uma vida muito imoral", disse o irmão Al, caminhando lentamente pelo chalé já com as luzes apagadas. "Fazia de tudo." Quando o homem morreu num acidente de carro, a polícia encontrou seu escapulário... pendurado numa árvore perto do local!

Steve McGarth era o único valentão que simpatizava comigo, e, sem ele, eu não teria durado uma semana no Acampamento Dom Bosco. Steve era da minha paróquia, a St. Mary's, e fizemos crisma juntos. O irmão mais velho dele, apelidado de "Urko", por causa de um gorila do mal de *Planeta dos Macacos*, era um dos delinquentes mais terríveis de Milton. Em casa, Steve era uma piada, mas, no acampamento, ele dizia a todos que era o "Big Mac", e eu não o dedurava, então ele me dava cobertura. ("Macaco não mata macaco.")

Todo mundo reclamava que o Acampamento Dom Bosco era distante demais de Boston para pegar a nossa amada rádio WCOZ. A única estação que chegava ali era uma rádio country local que só o irmão Al aguentava. Todos nós sentíamos falta da WCOZ nas noites de domingo, quando o programa do Dr. Demento ia ao ar. Porém, em vez de um rádio, tínhamos a *boombox "master blaster"* de Bubba Politano e cinco fitas na mais alta rotatividade. Nossos dois principais álbuns eram "dois" e "zeppelin", normalmente citados em obras de referência como *Led Zeppelin II* e *Led Zeppelin IV*. Alguns chamam este último de *Zoso*, mas nunca ouvi esse nome no Acampamento Dom Bosco. Damone, em *Picardias Estudantis*, chama de *Led Zeppelin IV*. As propagandas do Columbia House Record and Tape Club chamam de *Runes*, mas os caras no acampamento só diziam "coloque o zeppelin".

(Um "zeppelin" também era uma espécie de bong que parecia uma garrafa térmica, abrigava duas pontas e se enchia de fumaça o suficiente para fazer um elefante engasgar.) Quando Mike Moriarty dizia "coloque o dois", ele queria dizer o álbum que tinha "Whole Lotta Love". Os outros três discos que ouvíamos no máximo durante todo o verão eram *Hi Infidelity*, *Crimes of Passion* e *Back in Black* – o irmão Larry aprovava a teologia em "Hells Bells".

O cara que tinha mais fitas do Zeppelin era Mullen, o supervisor júnior do St. Pat's. Eu o conhecia da paróquia dos meus avós, a St. Andrew's, em Forest Hills. Mullen raspava a cabeça e nunca dizia uma palavra. Circulava uma história de que uma mulher lhe oferecera 100 dólares para bater no filho dela ao longo do verão, com o objetivo de endurecer o moleque, mas Mullen recusara. De um jeito ou de outro, todos os caras do Magone tinham medo de encostar um dedo nos moleques do St. Pat's porque era o chalé do Mullen. Eu não entendia os valentões – achava que todo o sentido de ser valentão era não ter medo, mas me parecia que eles estavam constantemente com medo dos caras que eram só um pouquinho mais valentes. Passavam mais tempo com medo do que eu. Era como o *Planeta dos Macacos*, onde eu sabia que eu era um chimpanzé que nunca se passaria por gorila.

Entretanto, tenho uma lembrança de Mike Moriarty que, de tempos em tempos, me faz pensar. Certa noite, estávamos reunidos à beira do lago depois do jantar, ouvindo AC/DC, quando Moriarty disse: "Eu odeio esse povo da disco music – sabe, essas *calças* de disco music. Mas tem umas *músicas* disco, tipo 'Funkytown', sabe, que são maneiras". Acredite em mim, ninguém mais poderia ter falado uma merda dessas e voltado vivo para o chalé. Talvez Moriarty só estivesse de sacanagem conosco, testando o limite de até onde ele poderia se safar. ("Macaco matou macaco!") Ou talvez ele curtisse "Funkytown" mesmo. Nunca vou saber, porque nós só assentimos e dissemos: "Aham".

O AMOR ME FAZ FAZER COISAS TOLAS

OUTUBRO DE 1987

A LADO A DATA/HORA	B LADO B DATA/HORA
R.E.M.: "It's the End of the World as We Know It (And I Feel Fine)"	Martha & The Vandellas: "Love (Makes Me Do Foolish Things)"
Kajagoogoo: "Too Shy"	Aretha Franklin: "Don't Play That Song"
Thelonious Monk: "Memories of You"	Aretha Franklin: "Day Dreaming"
ABC: "That Was Then But This Is Now"	Aretha Franklin: "Angel"
Eric Carmen: "She Did It"	Aretha Franklin: "Until You Come Back to Me"
Yaz: "Nobody's Diary"	Alex Chilton: "Take It Off"
Magazine: "Shot by Both Sides"	Lou Reed: "Bottoming Out"
Jimi Hendrix: "Little Wing"	Johnny Thunders: "It's Not Enough"
Jimi Hendrix: "Bold as Love"	Baby Astronauts: "Lost at Your Party"
The Beatles: "What You're Doing"	The Verlaines: "Death and the Maiden"
The Beatles: "Yes It Is"	The Flying Lizards: "Sex Machine"
The Dogmatics: "Cry Myself to Sleep"	

E*sta foi a minha primeira fita de término*, criada depois do meu primeiro rompimento. Eu estava com 21 anos e minhas habilidades sociais não tinham avançado tanto assim desde a época de *Boogie dos Patins*, admito com tristeza. Eu era só mais um daqueles túmulos feitos por garotas bonitas. Usava preto todos os dias e curtia os lamentos morosos de Lou Reed, Richard Thompson e Tom Verlaine. Eu era veterano em Yale, não largava o Walkman e ainda me escondia do mundo na maior parte do tempo. Na verdade, até conhecer minha primeira namorada, Marcella, era uma aposta certeira de que eu me graduaria na faculdade sem ter beijado uma mulher, destino do qual fui poupado apenas quando Marcella lançou um ataque feroz à minha inocência, não muito diferente daquele liderado por Charles Bronson em *Resgate Fantástico*, filme feito para a TV nos anos 70.

Foi um romance de primavera que durou alegremente por todo o verão. Marcella era obcecada por R.E.M. e Sonic Youth; também me ensinou a usar All-Star de cano alto, fumava e bebia e fazia todo o tipo de coisa maluca que era nova para mim. Passamos o verão no quarto dela sob os pôsteres de Michael Stipe, ouvindo *bootlegs* do R.E.M. Eu era o DJ do programa da madrugada da WYBC, então Marcella sempre me ligava no ar às 4h para pedir "Hospital", do Modern Lovers.

Quando terminamos, fiquei devastado. Fiz essa fita de término como trilha sonora para minhas caminhadas vespertinas pela cidade. Incluía muitos caras tristes com guitarras e cantoras de soul, sobretudo Martha and The Vandellas soluçando em "Love (Makes Me Do Foolish Things)". A bateria da introdução dessa joia perdida da Motown ainda me faz engasgar ao abrir as portas para o quarto solitário de Martha, onde ela sequer tem a companhia das Vandellas, só um piano choroso, cordas e bateria. Martha está sentada à beira da cama, rezando para ouvir aquela batida na porta, só que ela sabe que nunca vai ouvi-la... *nunca mais*! Eu voltava a fita e escutava essa canção sem parar, certo de que, se chegasse ao fundo da alma de Martha por meio de sua voz, também poderia sofrer lindamente o bastante para ser uma de suas Vandellas.

Antes de conhecer Marcella, eu era o ermitão covarde básico. Passava a maior parte do tempo no quarto, apaixonado pelas paredes, me escondendo do mundo com meus fanzines e meus discos. Achava que era mais feliz assim. Desenvolvera uns hábitos monásticos para provavelmente me proteger de alguma coisa, mas o que quer que fosse, os hábitos monásticos haviam me transformado no problema maior. Nos meus fones de ouvido, vivia uma vida de romance, incidentes e intrigas que nada tinha a ver com o mundo fora do Walkman. Cursava Letras e era obcecado por Oscar Wilde, Walter Pater[12] e Algernon Swinburne[13]. Eu me eletrizava com as aventuras dos meus ídolos poetas estetas decadentes, embora minha única experiência com a decadência fosse ler a respeito dela.

Minhas amigas estavam sempre tentando encontrar garotas para mim. Eram minhas mentoras em vaidade feminina, e, depois de ter crescido com três irmãs, eu era um discípulo pra lá de capaz. Minhas amigas se cansavam bem rápido dos namorados, mas não se cansavam de mim; eu as acolhia em crises românticas e atendia suas ligações aos prantos na madrugada. Sabia dos diabos que elas soltavam sobre os namorados e achava engraçado – cara, eles eram uns idiotas. Eu era inteligente demais para tais coisas. Vivia pelo código emersoniano da autodependência. "Abandone sua teoria, assim como José deixou seu casaco na mão da meretriz, e fuja", trovejou Emerson. "Se alguém imagina que a lei é frouxa, deixe-o a comando dela um dia."

Eu era jovem, idealista e relutava em aprender como o mundo funcionava, mesmo quando isso era vantajoso para mim. Estava chapado não de drogas, mas de algo possivelmente pior. Li um aforismo de Nietzsche em que ele diz: "Quem despreza a si próprio não deixa de se respeitar como desprezador". Ri e disse: É isso aí. É algo que descreve todo mundo que eu conheço, menos eu. Era hora de uma mudança.

Mas como você começa a sair do quarto? Estava lendo um poema do meu ídolo Wallace Stevens no qual ele dizia: "O eu é um claustro de sons

---

[12] Ensaísta, crítico literário e escritor inglês (1839-1894), reconhecido como uma das grandes influências do movimento estético inglês dos anos 1880. (N. do T.)

[13] Poeta, dramaturgo e romancista inglês (1837-1909) da Era Vitoriana, conhecido por tratar de temas controversos à sua época, tais como sadomasoquismo e lesbianismo, além de um teor antirreligioso e fúnebre. (N. do T.)

lembrados". Minha primeira reação foi: simmm! Como ele sabia disso? É como se estivesse lendo a minha mente. No entanto, minha segunda reação foi: preciso de novos sons dos quais lembrar. Estou preso na minha pequena câmara de isolamento há tanto tempo que só rodo pelos mesmos sons que conheci a vida toda. Se continuar assim, vou envelhecer rápido demais, sem me lembrar de mais sons além dos que eu já conheço agora. O único que se lembra de qualquer um dos meus sons sou eu mesmo. Como é que você abaixa o volume dos fones de ouvido do seu drama pessoal e aprende a ouvir outras pessoas? Como é que se pula de um trem em movimento, com destino a Si Mesmo, para um outro trem em movimento na direção oposta, com destino a Todo Mundo? Eu adorava uma música do Modern Lovers chamada "Don't Let Our Youth Go to Waste" ("Não Deixe que a Nossa Juventude Seja Desperdiçada") – e não queria que a minha fosse.

Eu sentia que era forte o bastante para uma garota, mas feito para uma mulher. Porém não fazia ideia de como começar a procurar por essa mulher. Por sorte, ela estava procurando por mim.

Marcella era uma garota punk rock descolada da Georgia que trabalhava na Waldenbooks, no Chapel Square Mall. Tingia o cabelo de vermelho e tocava baixo num grupo de hardcore, o Uncalled Four. Havia largado o Ensino Médio e embarcado num ônibus para New Haven para se encontrar com um garoto. Terminaram assim que ela chegou, mas ela ficou na cidade e arrumou um emprego. Certa noite, ela me viu num show de hardcore e farejou sangue fresco. Convidou-me para ir à sua casa. As primeiras coisas que reparei foram o pôster do Michael Stipe na parede, o aparelho de som e um monte de fitas. Depois notei que ela não tinha mobília, só um colchão no chão. Sabe a música dos Beatles em que a garota convida John para se sentar, mas não tem uma cadeira? Essa garota não tinha nem um *tapete*. Colocou uma fita da sua vasta coleção de *bootlegs* do R.E.M., a gravação de um ensaio de 1982. Michael Stipe começou a cantar "The Lion Sleeps Tonight". Foi quando a sala passou a girar.

Não conseguia acreditar que ela gostava de mim. Não conseguia acreditar no quanto eu gostava dela. Ela me disse que eu me parecia com o Dr. Robert, cantor do Blow Monkeys. Nunca uma garota havia me dito que eu me parecia com *nada*. À noite, eu saía do trabalho na biblioteca e pegava o ônibus na Whalley Avenue até a casa dela, onde pedíamos pizza e assistíamos à MTV. Foi um grande verão para canções agridoces sobre aflições do primeiro amor: "Midnight Blue", do Lou Gramm; "Right Thing", do Simply Red; "Endless Nights", do Eddie Money; "Let's Wait a While", da Janet Jackson; "Too Young to Fall in Love", do Mötley Crüe; "Koo Koo", da Sheila E.; "Talk Dirty to Me", do Poison.

Foi a primeira vez que me apaixonei. De repente, me sentia parte do mundo. Nunca havia conhecido uma garota sulista, então Marcella era cheia de surpresas: fazia tortas, fritava peixe, pronunciava "*umbrella*" (guarda-chuva) de um jeito engraçado, me chamava de "*baby*" sem ironia alguma. Eu me perguntava onde as garotas sulistas estiveram ao longo de toda minha vida. Ela também era uma ladra de loja das mais ávidas. Dizia que era fácil – os gerentes das redes de lojas não tinham permissão para interferir em furtos porque os chefões corporativos tinham medo de processos, então era possível passar tranquilamente pelos alarmes com os braços cheios de mercadoria e nada fariam para impedi-la. Todas as minhas amigas me garantiram que isso era mentira. Marcella me convidou para assisti-la roubar, mas fiquei nervoso demais para ser um bom comparsa.

Ela me segurava ao telefone por horas durante o meu programa de rádio da madrugada enquanto eu tocava músicas para ela, improvisando uma mixtape ao vivo. Se mais alguém estivesse escutando, o que eu duvido, provavelmente não faria ideia do que estava acontecendo. Talvez o indie rock de meados de 1987 não fosse o estilo de música mais romântico – garotos em porões gritando para outros garotos em porões –, mas ainda havia romance de sobra para ser ouvido ali se você escutasse com atenção. E nós escutávamos. Eu já estivera em muitos shows de rock, mas nunca de mãos dadas. Marcella costumava tocar para mim a versão ao vivo do R.E.M. de "All I Have to Do Is Dream", gravada no mesmo dia que ela desceu do ônibus em New Haven. Ouvíamos *Sign o' the Times*, do Prince. (Seu álbum favorito do Prince tem de ser aquele que você ouviu pela primeira vez enquanto dava uns amassos.) Gravei para ela uma fita chamada *Ciccone Island Baby*, e ela gravou para mim uma chamada *Jumpin' Sylvia Plath, It's a Gas Gas Gas*. Era amor, óbvio.

Marcella batia portas, gostava de sair pisando duro e esperava que eu a seguisse. Eu era novo nesse negócio de namoro, então não questionava o jeito dela de fazer as coisas. Como sua colega de quarto me detestava (eu usava papel toalha demais), elas brigavam aos berros por minha causa, o que era um tesão. Mas as coisas começaram a estremecer mais ou menos na época em que o R.E.M. lançou um álbum verdadeiramente lamentável chamado *Document*, aquele que a fez reconsiderar se poderia continuar a idolatrar Michael Stipe. Culpei o R.E.M. por não nos salvar fazendo um disco melhor – o que, hoje me dou conta, foi injusto.

Era jovem. Era verdadeiro. Durou cerca de seis meses. O dia 1º de outubro foi o fim do mundo como eu o conhecia. Ela me ligou para dizer que estava tudo terminado. Bem, não nessas palavras. O que ela disse foi: "Estou farta até os dentes de você". Eu me sentei na cama e fiquei olhando para as luzes da cidade. Meu rádio-relógio tocava "Someone Saved My Life Tonight", do Elton John. Percebi que eu nunca viria a colocar essa música numa fita para Marcella e o meu rosto começou a se contorcer. Ela me deu um presente de adeus, um calendário de 1988 do Bon Jovi que roubou da Sam Goody, o que foi um gesto simpático, mas era o fim. Fiquei triste quando os amigos dela pararam de me cumprimentar nos shows de rock, não me dei conta de que era assim que as coisas aconteciam. Detestei-me por desejar secretamente ter gravado fitas dos discos dela antes que ela me largasse.

Pelo menos eu tinha Martha and The Vandellas para me guiarem por essa experiência. Elas não traziam boas notícias, mas com certeza não mentiam. O amor me faz fazer coisas tolas. Tive sorte de aprender isso cedo.

BIG STAR: PARA RENÉE

OUTUBRO DE 1989

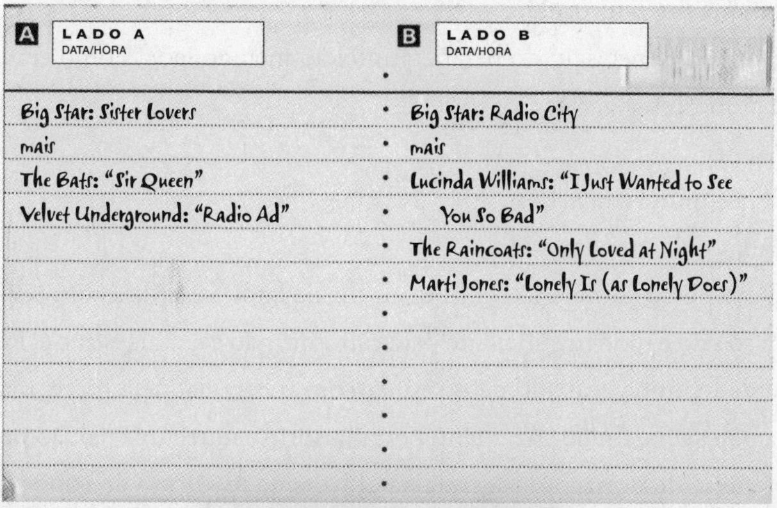

N*o que diz respeito a uma mixtape, Big Star: Para Renée* é desprovida de qualquer imaginação: basicamente, é um álbum completo em cada lado da fita. No entanto, foi a fita que mudou tudo. Tudo na minha vida vem diretamente dessa fita Maxell XLII, feita em 10 de outubro de 1989 para Renée.

Renée e eu nos conhecemos num bar chamado Eastern Standard, em Charlottesville, Virginia. Eu acabara de me mudar para lá para fazer uma pós-graduação em Letras. Renée cursava o programa de mestrado, escrevendo ficção. Eu estava sentado numa mesa dos fundos com meu amigo poeta Chris quando caí no feitiço da voz amaciada por bourbon de Renée. O *bartender* colocou *Radio City*, do Big Star, para tocar. Renée foi a única outra pessoa que se empolgou no salão e começamos a conversar sobre o quanto amávamos o Big Star. Por acaso, compartilhávamos da mesma música favorita deles – a balada acústica "Thirteen". Ela nunca tinha ouvido o terceiro álbum, *Sister Lovers*. Então, naturalmente, eu disse a ela a mesma coisa que disse a todas as outras mulheres por quem me apaixonei: "Vou gravar uma fita pra você!".

Quando Renée saiu do bar, perguntei ao meu amigo: "Como era mesmo o nome dessa garota?".

"Renée."

"Ela é muito linda."

"Aham. E tem namorado."

O nome do namorado era Jimm, e ele, de fato, o escrevia com dois Ms – se isso não é motivo suficiente para cair fora, não sei mais o que é. Renée, na verdade, tinha acabado de terminar com o cara naquela noite, mas eu ainda não sabia. Então só lamentei minha sorte e nutri uma paixão por ela a distância. Memorizei sua agenda na universidade e ficava de bobeira pelo departamento de Inglês nos horários em que ela estaria por lá, esperando encontrá-la no corredor. Escrevi poemas sobre ela. Fiz esta fita e a deixei em sua caixa de correio. Simplesmente gravei meus dois álbuns favoritos do Big Star e preenchi o tempo ao final de cada lado com outras canções que eu gostava, na esperança de impressioná-la. Como essa garota era *cool*! Uma garota do interior, dos Apalaches, do sudoeste da Virginia. Tinha cabelos castanhos encaracolados e volumosos, óculos redondos pequeninos e um jeito de falar meio de menina. Eu tinha certeza de que sua Go-Go favorita era Jane Wiedlin.

No sábado à noite, nos encontramos numa festa e dançamos algumas músicas do B-52's. Como toda garota sulista, Renée tinha uma relação intensa com os três primeiros álbuns do B-52's. "Todas as garotas são Kate ou Cindy", ela me disse. "Tipo os garotos são Beatles ou Stones. Você gosta de ambos, mas só tem um que é totalmente seu." Sua favorita no B-52's era Kate, a morena com a melancolia avermelhada na voz. Eu queria ficar a noite toda ali falando de B-52's com Renée, mas minha carona quis ir embora cedo. Então a deixei e fui para casa, onde fiquei andando de um lado para o outro no estacionamento na frente da subdivisão, tremendo de frio e ouvindo "Little Red Corvette", do Prince, no meu Walkman. A dor na voz dele resumia o meu estado de espírito enquanto ele cantava sobre uma garota que passava por ele de carro, um tipo de carro com o qual não se cruza todos os dias.

Renée e eu nos encontramos de novo quando o poeta John Ashbery passou pela cidade para fazer uma leitura. Era um dos meus ídolos, o autor de *The Double Dream of Spring*. Tive a oportunidade de conhecê-lo depois da leitura, mas estraguei tudo. Havia um bando de nós ao seu redor, pensando em coisas inteligentes para dizer. Ele acabara de ler o poema "The Songs We Know Best" e explicava que o escrevera para combinar com a melodia de "Reunited", de Peaches & Herb, porque era uma canção que não parava de tocar no rádio e ele não conseguia tirá-la da cabeça. Perguntei então se ele era fã de "Last Christmas", do Wham!, que, é claro, tem a mesma melodia de "Reunited". Ele sorriu graciosamente e respondeu que não, não era, mas que gostava do George Michael. Em seguida, passou a não dizer mais nada. Meus amigos ficaram furiosos, e eu, mortificado. Vou para o túmulo me perguntando por que passei o único momento que tive na presença desse grande homem falando do Wham! (e nem de uma música *boa* do Wham!), mas acho que esse é o sonho duplo de imbecil que eu sou.

Depois fui afogar as mágoas no bar. Renée veio até mim para me dar uma sova e filar um cigarro. Mencionou que seu aniversário seria dali a alguns dias. Como sempre, havia outros garotos de seu fã-clube a rondando, então saímos todos juntos para um tour noturno pelos estabelecimentos de comércio de bebidas mais baratos de Charlottesville. Consegui me sentar bem perto dela e falamos de música. Ela me contou que é possível cantar o tema de *A Família Buscapé* na melodia de "Talk About the Passion", do R.E.M. Basicamente, foi isso; assim que ela começou a cantar "Talk About the Clampetts", qualquer noção que eu tinha de não me apaixonar por ela entrou em chamas dignas de *Inferno na Torre*. Já era. Eu já era.

Saímos de novo na noite seguinte – Renée apareceu com outra gangue de moleques xavequeiros, que não tiravam os olhos de cachorro pidão dela, mas eu não me preocupei muito com eles. Joe apagou por volta da meia-noite. Paul saiu cambaleando alguns minutos depois. A oferta de Steve para acompanhar Renée até em casa durou o mesmo tempo que ele demorou para trombar duas vezes na parede ao descer a escada. Eu era o último de pé. Renée me levou até sua casa, a uns três quilômetros dali. Estava tão escuro, que eu não conseguia vê-la enquanto caminhávamos; só seguia sua voz. Passei a noite no sofá dela, dormindo sob um retrato seu pintado por algum garoto indie sensível de Roanoke. Estava um pouco triste por ficar no sofá, mas meu plano era de longo prazo. Sua gata incrivelmente irritante, Molly, não parou de pular na minha cara a noite toda. Acordei ao amanhecer e fiquei ali deitado, grogue, me sentindo um pouco menos solitário do que na manhã anterior, esperando até que a garota fizesse algum barulho.

Era um sábado. Renée tinha coisas para fazer e eu me convidei para acompanhá-la. Dirigimos por toda Charlottesville sob o sol da tarde. Ouvimos uma mixtape que outro cara fizera para ela em Roanoke. Tinha indie rock fraco, indie rock decente e uma única música muito boa: a versão bluegrass de Flatt & Scruggs de "Ode to Billie Joe". Ela me disse que, naquele verão, dera uma festa temática de Billie Joe. "Foi no dia 3 de junho", cantou. "Você sabe, no dia em que a canção acontece. Servi toda a comida que eles comem na música: feijão-fradinho, biscoitos, torta de maçã."

Não conseguimos pensar em mais nada sobre o que conversar, então só dirigimos em silêncio até que Renée me deixou em casa. Passei o resto do dia fazendo uma fita de aniversário para ela, composta em sua maioria por música acústica senegalesa de Baaba Maal e Mansour Seck, só por garantia, caso ela fumasse maconha. Ia incluir "I Want You", de Bob Dylan, mas pensei melhor. Em vez disso, gravei "Breaker Breaker", do Scrawl, para demonstrar minha afinidade com canções punk de caminhoneiras feministas, e os Neville Brothers, para fazê-la pensar que talvez *eu* fumasse maconha.

Nós nos encontramos num bar chamado The Garrett na segunda-feira, véspera de seu aniversário. Não era um lugar romântico – o carpete estava tão impregnado de maconha, que era possível ter um barato só de andar até o banheiro –, mas tinha privacidade, bebida barata, uma máquina de cigarros fácil de enganar e mesas de sinuca para distrair desocupados inocentes pé no saco. Eu havia passado o dia escrevendo uma sequência de sonetos para ela. Não sei muito bem no que estava pensando – digo, usei a palavra "catacrese" no primeiro verso. Mas tinha certeza de que minha engenhosidade prosódica derreteria o coração dela de uma vez por todas. Usei um dos meus esquemas de rima favoritos – roubado do poema "The Octopus", de James Merrill, embora ele mesmo o tenha roubado de *O Mar e o Espelho*, de W.H. Auden –, rimar a primeira sílaba de um troqueu com a última sílaba do verso seguinte. Como ela poderia resistir?

À meia-noite, entreguei-lhe os poemas.

"O que é isso?", perguntou ela.

"Bem, a última palavra do primeiro verso é um troqueu e rima com o final do verso seguinte. Então, 'catacrese' rima com 'aquece'."

"Não, o que é *isso?*"

"Uma catacrese?"

"Não. Do que você está falando?"

"Ah... Eu sou muito a fim de você."

"*Aaaaah*", disse ela. Sorriu e deixou as folhas caírem na mesa. Ela relaxou diante dos meus olhos. "Então, como começou?"

"Bem, eu te acho muito linda."

Ela relaxou ainda mais – na verdade, o formato de seu rosto mudou um pouco, ficou ligeiramente mais redondo, como se sua mandíbula tivesse descerrado. Eu não sabia se isso era um bom sinal ou não, mas não podia ficar quieto ainda.

"Sempre achei. Assim de cara, logo que te vi."

"Aquele vestido preto incrível", ela assentiu. "Estava usando quando te conheci. Tem, ah, muito de *mim* naquele vestido. Meu vestido 'Transe com a Hostess'. É um vestido bem 'caia de joelhos e diga amém'."

"Percebi. Piorou desde então."

"Eu sei." Ela acendeu um Dunhill. Eu nunca a tinha visto tão confortável. "Estava ao telefone com a minha amiga Merit hoje à noite, e ela: 'O Rob gosta de você?'. E eu: 'Não sei, ele gravou uma fita para mim e não me ligou, depois dançamos juntos e ele foi embora, me ligou e deixou um recado, mas não voltou a ligar depois disso'. E Merit: 'Mas e você, gosta do Rob?'."

Não acreditei que ela estava me obrigando a fazer isso. "E então, você gosta do Rob?"

Ela sorriu. "Não sei. Ele não é meu tipo, mas gosto muito dele." Ela me disse que seu tipo eram garotos da fazenda com ombros largos, jogadores de futebol americano. Fumava aquele cigarro com muita calma. Sua cerveja ainda estava quase cheia, e ela não tinha pressa alguma. Eu estava com muito medo de falar, mas com mais medo ainda de não falar.

"Não sei qual é o seu tipo. Não sei qual é a sua. Nem sei se você tem namorado. Só sei que gosto de você e quero estar na sua vida, é isso, e se você tem espaço para um namorado, gostaria de ser seu namorado, e se você não tem esse espaço, gostaria de ser seu amigo. Qualquer espaço que você tenha para mim na sua vida está ótimo. Se você quiser que eu comece em um espaço e depois passe para outro, posso fazer isso."

"Mas você preferia ser um namorado do que um amigo?"

"Se puder escolher. Não, se puder escolher, não. É o que eu quero."

"Onde você estacionou?"

"Vim andando."

"O que é catacrese?"

"Uma inversão retórica de tempo, meio que uma transposição. Vamos."

No carro dela, ouvimos o primeiro álbum de Marshall Crenshaw e, quando chegamos à sua casa, nos sentamos no sofá sob aquele quadro grande. Seu jeito antes confortável tinha dado lugar a uma expressão tensa. Levantou-se e colocou a minha fita do Big Star, depois tirou. Colocou Marshall Crenshaw de novo. Examinei sua caixa de fitas. Ela era definitivamente uma garota oitentista. Tinha uma fita com *Murmur*, do R.E.M., de um lado e *War*, do U2, do outro, e uma com *The Velvet Underground & Nico* e *Moondance*. Oh-oh, também tinha muitas fitas do XTC. Precisaríamos tratar disso mais tarde.

"Ai, Rob", disse ela. "Estou muito assustada."

Eu também estava assustado. Foi uma noite longa, muito longa. Juro que o rosto dela mudou de formato várias vezes. Não sei como é possível, mas aconteceu. Suas pálpebras ficaram mais pesadas e mais largas. Sua respiração ficou mais lenta e mais profunda e sua mandíbula caía cada vez mais, o que tornava seu rosto inteiro maior. Havia uma expressão solene nos olhos. Lá pelo amanhecer, ela falou: "Espero fazer jus a você". Não soube o que ela quis dizer, então me calei. Eu estava usando minha camiseta do Hüsker Dü, da turnê *Warehouse*. Ela vestia um moletom da Bob Jones University. Imaginei que devia haver uma história perturbadora ali, mas não perguntei.

Às vezes você está deitado num quarto estranho, na casa de uma pessoa estranha, e sente que seu corpo está se distorcendo; que está derretendo, encostando em algo quente, algo que te entorta de maneiras drásticas e irreversíveis, que você só se dará conta quando for tarde demais. Eu me senti derretendo no quarto de Renée naquela noite. Lembro-me de quando eu era criança, na ponte sobre um riacho onde encontrávamos o plástico de um fardo de cerveja que os moleques mais velhos tinham matado. Encostávamos um fósforo num canto do plástico e o segurávamos sobre a água só para vê-lo pingar, pingar, pingar. Assistíamos aos anéis se retorcerem ou dobrarem em agonia antes mesmo de a chama tocá-los. Seis anéis de plástico se contorcendo permanentemente, numa dança espástica da morte como a que Christopher Lee faz no fim de *O Vampiro da Noite* quando a luz do sol o atinge.

Os minutos pingavam, cada um entortando e contorcendo a minha forma. Por fim, paramos de nos levantar para virar a fita e só ouvimos o ar morto. Eu conseguia sentir mudanças sérias acontecendo comigo à medida que permanecia no quarto de Renée. Senti nós se desatarem, nós que eu nem sabia que estavam ali. Já podia perceber que havia coisas acontecendo fundo dentro de mim que eram irreversíveis. Existe alguma palavra mais assustadora que "irreversível"? É uma palavra sibilante, cheia de efeitos colaterais e mutilações. Pneus severamente danificados – e não há estepe. Foi essa a sensação de me apaixonar por Renée. Senti coisas estranhas acontecendo no meu interior e soube que não eram coisas das quais eu iria me recuperar. Eram mudanças que estavam moldando a forma como tudo seria e só mais tarde eu descobriria como. Irreversível. Lembro que discutimos *Inferno na Torre* naquela noite, a cena com Steve McQueen, o bombeiro valente, e William Holden, o magnata maligno dono do hotel. William Holden pergunta: "É muito sério?", e Steve McQueen responde: "É um incêndio, senhor. E todos os incêndios são muito sérios!". É a última coisa de que me lembro antes de adormecer.

SHEENA ERA UM HOMEM

NOVEMBRO DE 1989

R*enée era minha heroína*. Você já teve um herói? Alguém que te diz: "Acho que seria uma boa ideia você roubar um carro, atear fogo e se jogar de um penhasco nele", e você responde: "Automático ou manual?". Renée foi essa pessoa para mim. Uma garota do Sul com o coração de um leão, que tomava as rédeas. Não demorou muito até que nos emaranhássemos nos cabelos um do outro.

Certo dia, naquele outono, passeávamos no Chrysler LeBaron 1978 dela quando "Midnight Train to Georgia", de Gladys Knight, começou a tocar no rádio. Renée cantou o vocal principal enquanto eu fazia os *backings* das Pips. *He's leavin'! Leavin' on the midnight train! Woo woo! A superstar but he didn't get far!*[14] Quando a música foi chegando ao fim e sumindo, com Gladys a bordo do trem e as Pips cantando adeus, Renée ergueu uma sobrancelha e disse: "Você dá uma boa Pip".

Era tudo o que eu queria ouvir uma garota me dizer. Tudo o que sempre sonhei em ser. Alguns de nós nascem Gladys Knight, outros nascem Pips. Do fundo da minha alma de Pip, fiquei maravilhado com a sorte de poder fazer *choo-choo* e *woo-woo* para acompanhar uma verdadeira garota Gladys.

Garotas ocupam muito espaço. E eu tinha espaço de sobra para essa garota. Ela tinha mais energia do que qualquer outra pessoa que já conheci, era apaixonada pelo mundo. Era calorosa, barulhenta e impulsiva. Um dia, declarou que havia encontrado a guitarra dos seus sonhos numa loja de velharias da cidade. "Você nem toca guitarra", falei.

"Pois essa é a guitarra que vai me ensinar", ela respondeu.

Fomos Rota 29 acima para ela comprar a guitarra. Era uma baita Gibson Les Paul com um *case* cheio de adesivos da Carter Family, das Go-Gos e do Lynyrd Skynyrd. Voltamos para casa com ela e passamos o fim de semana inteiro de bobeira, com Renée no sofá descobrindo como tocar suas canções favoritas de Johnny Cash e George Jones.

Ao contrário de mim, Renée não era tímida, gostava de verdade de agradar os outros. Preocupava-se demais com o que pensavam dela, deixava os sentimentos escancarados, criava muita expectativa em relação às pessoas e se magoava facilmente. Guardava os segredos alheios como ninguém, mas contava os seus rápido demais. Esperava que o mundo não a enganasse e sempre ficava surpresa quando isso acontecia. Ela estava terminando um mestrado em escrita de ficção e sempre trabalhando em contos e romances. Tinha mais ideias do que tempo para terminá-las. Adorava acordar cedo.

---

[14] "Ele está partindo! Partindo no trem da meia-noite! Uhul! Um superastro, mas não foi longe!"

Adorava falar de coisas malucas que queria fazer no futuro. Não havia passado mais de duas semanas sem um namorado desde os 15 anos. (Duas semanas? Eu conseguiria passar um ano plantando bananeira.) Antes de me conhecer, sua lista de desejos para o próximo namorado tinha três itens: ser mais velho do que ela (falhei nisso), rural (nisso também) e não ter pelos na cara (eu precisaria de um aviso prévio de seis meses para cultivar costeletas aceitáveis).

Eu quase sempre pegava um ônibus até o apartamento dela, onde bebíamos bourbon com ginger ale, ouvíamos as músicas com as quais queríamos impressionar um ao outro, o que com o tempo se transformou em ouvir as músicas das quais gostávamos de verdade. Ela era muito específica quanto ao bourbon e fazia careta se eu me esquecia de colocar os cubos de gelo antes da bebida. "Não machuque o bourbon!", sibilava.

Foi a primeira pessoa de ambos os lados da sua família a ir para a faculdade e determinava padrões insanamente altos para si mesma. Preocupava-se demais em ser boa o bastante. Era surpreendente ver o quão aliviada ela ficava sempre que eu dizia o quanto ela era incrível. Eu queria que ela se sentisse forte e livre. Ela era linda quando estava livre.

Sabia tocar um pouco de piano, em sua maioria hinos que tinha aprendido a tocar para o avô. Eram muito próximos. Quando ele voltava da mina para casa, ela passava loção em suas mãos sujas. Quando ele estava fazendo hemodiálise, ela se sentava ao seu lado e lhe dava Pringles. Ela guardava alguns dos vales com que se costumava pagar os mineiros, em vez de dinheiro vivo, para mantê-los em dívida com a mineradora. Seu avô, assim como o meu, idolatrava Franklin Delano Roosevelt.

Às vezes ela dizia coisas românticas como: "Sinto-me como um cavalo que foi cavalgado forte e guardado ainda molhado". Não saberia traduzir esse ditado popular por completo. Eu vinha do subúrbio – não fazia ideia de que era preciso deixar um cavalo secar antes de guardá-lo em algum lugar. Porém, se Renée estava tentando se tornar inesquecível, estava fazendo direito.

Renée e eu passamos muito tempo naquele outono passeando no Chrysler dela, o tipo de carro rodado que os pais sulistas gostam que suas filhas dirijam. Ela olhava pela janela e dizia: "Tem sol, vamos sair" – e saíamos mesmo. Ela amava pegar a estrada e dizer coisas como: "Vamos desbravar esta beleza". Ou apenas dirigíamos sem rumo pelas montanhas Blue Ridge. Ela adorava fazer curvas fechadas, algo que seu avô lhe ensinara na Virginia Ocidental. Ele conseguia dirigir com somente um dedo indicador no volante. Eu ficava meio zonzo quando as estradas passavam a se contorcer em ângulos esquisitos, mas Renée só acelerava e ria: "Agora estamos cagando em privada de ouro!".

Cantávamos o tempo todo junto com o rádio. Eu estava ávido para ser o Pip dela em tempo integral, mas tinha muito o que aprender sobre harmonia. Sempre que tentávamos cantar "California Dreamin'", eu nunca conseguia me lembrar se era um Mama ou um Papa. Não tinha o hábito de cantar duetos antes, e ela deu seu melhor para me colocar em forma.

"*They could never be!*"

"*What she was!*"

"*Was!*"

"*Was!*"

"*To!*"

"*To!*"

"*To!*"[15]

"Não, *não*, caramba! Eu sou o Oates!"

---

[15] "Elas nunca poderiam ser!" / "O que ela era!" / "Era!" / "Para!" / "Para!" / "Para!"

"Eu pensei que *eu* fosse o Oates!"

"Você começou como o Hall. Tem que continuar sendo o Hall."

Nunca resolvemos essa disputa. Nós dois sempre queríamos ser o Oates. Acredite, você não quer ouvir as brigas que tínhamos sobre England Dan e John Ford Coley.

Você já esteve num carro com uma garota sulista cruzando a Carolina do Sul quando "Call Me the Breeze", do Lynyrd Skynyrd, começa a tocar no rádio? Tarde de domingo, sol, vidros abaixados, nenhum lugar para onde fugir? Eu nunca tinha passado por isso. Tinha 23 anos. Renée aumentou o volume do rádio e começou a gritar junto enquanto dirigia. Ela sempre preferia dirigir, já que dizia que eu guiava como uma velha irlandesa. "Bem, desperdicei minha vida inteira até este momento", pensei. Qualquer outro carro em que já estive foi só para chegar até aqui, qualquer outra estrada em que estive foi só para chegar até aqui, qualquer outro banco de passageiro em que me sentei foi só para chegar até aqui. Eu mal reconhecia a garota sentada ao meu lado, gritando junto com o solo de piano.

"Não há nenhum outro lugar no universo em que eu queira estar neste momento", pensei. Eu poderia contar os lugares em que preferia não estar. Sempre quis conhecer a Nova Zelândia, mas prefiro estar aqui. As ruínas majestosas de Machu Picchu? Prefiro estar aqui. A beira de uma montanha em Cuenca, na Espanha, bebericando café e observando as folhas caírem? Não chega nem perto. Não existia outro lugar em que eu me visse com vontade de estar a não ser aqui, neste carro, com esta garota, nesta estrada, ouvindo esta música. Se ela partir meu coração, não importa o inferno que me faça passar, posso dizer que valeu a pena só por causa deste agora. Do lado de fora da janela, um borrão, e tudo o que consigo ouvir mesmo é o barulho do cabelo dela ao vento, e talvez, se acelerarmos o bastante, o universo vai nos perder de vista e se esquecer de nos prender a outro lugar.

PERSONICS

AGOSTO DE 1990

A LADO A DATA/HORA	B LADO B DATA/HORA
Beach Boys: "Don't Worry Baby"	Holy Modal Rounders: "Bird Song"
Stray Cats: "I Won't Stand in Your Way"	Tom Waits: "The Piano Has Been Drinking"
Isaac Hayes: "Don't Let Go"	Ten City: "Right Back to You"
The Undisputed Truth: "Smiling Faces Sometimes"	Aretha Franklin: "Angel"
The Isley Brothers: "This Old Heart of Mine (Is Weak for You)"	
Honey Cone: "Want Ads"	
Lyle Lovett: "God Will"	
The Barbarians: "Moulty"	

Trouxe esta fita Personics de Boston de presente para Renée. A moda das Personics não durou muito, mas todo mundo comprou uma naquele verão. Você ia até uma loja de discos e examinava o catálogo de canções disponíveis – algumas custavam 1,75 dólar, outras 1,15 dólar, outras apenas 75 centavos. Preenchia um formulário, entregava ao balconista e, em poucos minutos, saía com sua própria fita personalizada Personics com uma estilosa etiqueta prata e azul-turquesa. *Toast in the Machine*, minha fita da Tower Records, na Newbury Street, traz a etiqueta "Feita pelo Sistema Personics especialmente para: RENÉE". *Très romantique!*

A Personics parecia incrivelmente *high-tech* na época, mas, na verdade, era apenas mais uma mutação tecnológica temporária desenvolvida para fazer a mesma coisa que a música sempre faz: permitir que pessoas emocionalmente retorcidas se comuniquem por meio de bombardeios de artefatos culturais lamentáveis que, num mundo mais saudável, seriam esquecidos antes mesmo de acontecerem. A pior música nessa fita é "Bird Song", do Holy Modal Rounders, que eu nunca tinha ouvido antes. Só a incluí porque fiquei curioso com o quão ruim uma música tinha de ser para custar apenas 50 centavos no livreto da Personics. São 2 minutos e 38 segundos de um folk hippie bobo alegre de merda; acho que tinha um solo de assobio, mas não tenho coragem de ouvir de novo para descobrir. Creio que, para isso, era preciso ter estado lá – e por "lá" quero dizer "perigosamente chapado por uns três meses em 1969". Essa fita não é exatamente fluida, é apenas um monte de oferendas queimadas para uma garota-deusa.

Tenho noção de que escolher uma companheira ou um companheiro baseado em algo superficial, como a música da qual eles gostam, não é muito escrupuloso. Mas a superficialidade tem sido boa comigo. No reino animal, Renée e eu teríamos reconhecido os cheiros um do outro; para nós, foi uma questão de termos o mesmo álbum favorito do Meat Puppets. A música era um elo físico entre nós, e o fato de que ela ainda mantinha da infância seu compacto de 45 rpm de "I Just Want to Be Your Everything", de Andy Gibb, foi essencial para um casamento arranjado. A ideia de que talvez não pertencêssemos um ao outro nunca passou pela minha cabeça.

Acompanhei Renée até sua cidade natal, que ela me mostrou de carro, a 3h a sudoeste de Charlottesvile, no vale de New River. Percorremos o condado de Pulaski. Fomos jantar no Pizza Den e comemos batata rústica no Wade's. Gary Clark, que jogava pelo Washington Redskins, era do condado de Pulaski, e a mãe dele tinha uma loja de equipamentos esportivos bem ao lado do Wade's, então passamos para dar uma olhada. Quanto mais perto chegávamos do condado de Pulaski, mais forte ficava o sotaque de Renée.

Ela começou a usar palavras como "matuto". Uma vez, cheguei até a ouvi-la dizer "carambola" como interjeição, no estacionamento do Safeway. Paramos em postos de gasolina ao longo do caminho, onde ela comprou fitas de Hank Williams ou Dwight Yoakam para ouvirmos até estarmos perto o suficiente de alguma cidade para pegar um sinal de rádio.

Sua família era do condado de Greenbrier, Virginia Ocidental, região carbonífera dos Apalaches, onde seu avô tinha sido mineiro. Seus pais, Buddy e Nadine Crist, foram trabalhar em Washington, D.C., logo depois de saírem do Ensino Médio. Os dois se conheceram no refeitório do Departamento de Comércio. Casaram-se na Igreja Batista Hines, no condado de Greenbrier, quando tinham ambos 19 anos e antes de Buddy ser transferido para a Georgia. Os namorados de Renée no Ensino Médio foram todos jogadores de futebol americano. O tipo dela dirigia caminhonetes e usava segunda pele – ela sempre achava curioso ver peças segunda pele no catálogo da J. Crew, elegantemente rebatizadas de "tecido waffle". Todo setembro, não importava quem fosse o namorado, a mesma coisa acontecia: ele faltava na escola por estar doente no primeiro dia da temporada, junto com todos os outros caras do time. Renée se considerava cabeça aberta por estar namorando um cara que nunca havia arremessado nada.

Quando ela me levou até o condado de Pulaski para conhecer sua família, me alertou que o pai era um matador de namorados. Ela estava certa. Ele se parecia com algum detetive casca-grossa da TV. Assim que nos conhecemos, ele apertou minha mão e voltou imediatamente para a história que estava contando, sobre um de seus parentes menos favoritos, o tio Amos, um dinamitador profissional cuja placa decorativa da Carolina do Sul dizia EU DETONO. "Ele é o merdinha número dois." Eu estava ali para jogar, então entrei de cabeça e perguntei: "Quem é o merdinha número um?".

Buddy sinalizou para Renée com a cabeça. "O último namorado dela."

Quis me enfiar num buraco. Naquela noite, dormi no quarto de costura de Nadine. Na manhã de segunda, Renée recebeu o veredito da mãe. Tudo o que Buddy disse a meu respeito foi: "Bom, é melhor que o último".

Fomos a umas duas reuniões de família naquele verão. Rodamos até a Virginia Ocidental, onde ela me levou ao famoso posto de gasolina no condado de Hughart no qual, dizem os locais, Hank Williams parou para abastecer na véspera do Ano-Novo de 1953, em meio à sua viagem noturna fatal naquela limousine preta comprida. As reuniões da família de Renée eram divertidas porque envolviam muita música. Seu pai levava o violão, assim como todos os seus tios – Dalton, Zennis, Troy, Kermit e Grover – e sua tia Caroline. De dia, faziam uma roda e cantavam "Sweet Thing", com o primo Jerry no papel de Ernest Tubb e tia Caroline no de Loretta Lynn. À noite, ficávamos acordados até tarde no quarto de hotel de alguém, onde eles mandavam ver nas velhas canções que cresceram cantando juntos, tentando lembrar antigas harmonias e ensinando as músicas novas do rádio uns aos outros. O vocal principal do tio Grover era "Cool Water", do Sons of the Pioneers. Todos cantavam em "Rocky Top". O pai de Renée tocou algumas músicas, incluindo uma canção triste sobre as minas de carvão, que ele escrevera para o pai, e uma intitulada "Itty Bitty Girl", que compôs para Renée quando ela era bebê. Cantou uma de suas favoritas, "Good Hearted Woman", o clássico de Waylon Jennings e Willie Nelson, e tirou da manga uma canção de Porter Wagoner que eu nunca tinha ouvido, "The Cold Hard Facts of Life", que rima com "*knife*" [faca], que é o que te fura quando você mexe com a "*wife*" [esposa] de outro cara. Presumi que a intenção de Buddy é que ela servisse de alerta. Ele também dedicou uma música para mim, uma versão acalorada de "Red Necks, White Socks and Blue Ribbon Beer".

Depois que ela contou à avó que eu era um rapaz católico irlandês, a avó respondeu: "Sabe, os católicos mataram os cristãos na Espanha". Eu não fazia ideia do que ela estava querendo dizer, mas, felizmente, não pareceu me responsabilizar pessoalmente por isso.

Renée não ficava sentada esperando que as aventuras acontecessem, ela fazia o próprio caminho e me arrastava junto. Levou-me até Danville para encontrar uma antiga e reclusa cantora de rockabilly dos anos 50 que ela idolatrava, Janis Martin. Janis nos convidou para entrar e tomar café e nos contou histórias de Patsy Cline, Ruth Brown e Elvis Elvis Elvis enquanto seus estimados galgos mordiam meus calcanhares.

Janis Martin fez um gesto em minha direção e disse a Renée: "Ele não fala muito, não é? Mas tem um sorriso doce. Acho que gosta de mim".

Renée assentiu e sorriu. "Ah, ele gosta de você."

"Ele está pensando, diabos, ela é velha, mas é boa. Os peitos não são nada maus", disse Janis.

"Definitivamente, os peitos", confirmou Renée.

Visitamos os rios um do outro, o New River e o An Beithe. A água era importante para os nossos ancestrais. A família de Renée se preocupava com secas; a minha, com enchentes. Em alguns lugares, você não sente a falta da água até seu poço secar, mas, no país de antigamente, o meu povo vivia com medo da água. Era preciso construir as casas perto o suficiente da água para poder buscá-la, mas numa colina alta o bastante para não sofrer inundações. Era um jogo de adivinhação – se a sua estimativa fosse baixa demais, você perderia a família toda. É por isso que a tia Peggy, que ainda morava na velha estrada em Kealduve Upper, se recusou a ter encanamento dentro de casa até o dia em que morreu, em 1987. Sempre que alguém fazia essa sugestão, ela dizia: "Claro, aí vamos morrer afogados na cama!".

Era assim que se fazia no país de outrora. Duas pessoas enfrentam os elementos que tentam matá-las, e, se uma delas enfraquece, a outra morre. Se permanecerem fortes, têm a oportunidade de morrer de algum outro jeito. Isso era romance. Meus avós permaneceram apaixonados por mais de 60 anos.

MEIO PRA BAIXO, MEIO DEBAIXO DA COBERTA

JULHO DE 1991

A LADO A DATA/HORA	B LADO B DATA/HORA
Chris Bell: "You and Your Sister"	Big Star: "I'm In Love with a Girl"
Yo La Tengo: "Satellite"	The dB's: "From a Window to a Screen"
Big Star: "Nighttime"	Billie Holiday: "These Foolish Things"
Aerosmith: "Angel"	Roxy Music: "More Than This"
The Beatles: "Tell Me What You See"	Matthew Sweet: "Your Sweet Voice"
Style Council: "You're the Best Thing"	George Jones: "Color of the Blues"
Meat Puppets: "This Day"	Yo La Tengo: "Did I Tell You"
R.E.M.: "Talk About the Passion"	Ray Charles: "Carryin' the Load"
Otis Redding: "Come to Me"	Prince: "Slow Love"
Yo La Tengo: "The Summer"	Big Star: "Blue Moon"
Al Green: "You Ought to Be with Me"	Marshall Crenshaw: "All I Know Right Now"
Van Morrison: "Sweet Thing"	The Beatles: "All My Loving"
Matthew Sweet: "Winona"	Al Green: "Let's Stay Together"
Bonnie Raitt: "I Can't Make You Love Me"	Dusty Springfield: "So Much Love"
	Red Hot Chili Peppers: "Under the Bridge"
	Yo La Tengo: "Yellow Sarong"
	Big Star: "Thirteen"

Renée fez esta fita para ouvirmos enquanto adormecíamos, e ela nos serviu bem em várias noites. É uma fita cheia de soul relaxante, country antigo, rock sussurrado, piadas particulares e história íntima. Na época, não gostei de algumas das escolhas, como "Angel", do Aerosmith, mas hoje todas elas fluem juntas na memória. Penso nessa fita anos depois, ao entrevistar o Aerosmith, e eles me contam o quanto detestam "Angel". Steven Tyler me diz: "Às vezes, um cara grandão, motoqueiro com roupas de couro e tatuagens, vem até mim e diz: 'Ah, cara, preciso te dizer a minha música favorita'. E toda vez eu sei que vai ser 'Angel'. E só engulo em seco, não sei o que dizer. Aff, essa?".

Eu me pergunto se devo dizer a Steven Tyler que eu também detestava "Angel", mas, depois que a minha esposa a incluiu numa fita romântica, aconchegada entre o Big Star e os Beatles, me apaixonei pela música. Decido não falar nada. Tenho certeza de que, em algum lugar de seu coração de *rock star*, ele já sabe dessa história toda.

"Thirteen" foi a música que escolhemos para a primeira dança no nosso casamento.

Eu nunca planejei me casar com apenas 25 anos, e não tenho certeza de como foi exatamente que se desenrolou – nenhum de nós pediu o outro em casamento de modo oficial, nem nada dramático assim. Começou como uma fantasia divertida em meio às nossas conversas. E então a fantasia se tornou um plano, como acontece às vezes, e o plano se tornou um futuro. Para nós, não pareceu o clímax de nada, só a celebração de algo que já tinha transcorrido conosco. Acho que esperávamos que a celebração nos ajudasse a entender aquilo que já existia.

Começou de verdade num sábado em que estávamos de carro na Rota 33 por entre as montanhas, ouvindo uma canção de Marshall Crenshaw chamada "Lesson Number One". É uma balada rockabilly triste sobre como mentir é ruim e dizer a verdade é a lição número um. Começamos a conversar sobre a música, e eu disse descuidadamente: "Eu nunca menti para você".

"É mesmo?", perguntou ela. "E nunca vai mentir?"

"Não, nunca vou mentir."

E então ficamos ambos quietos por alguns minutos. Tive medo de ter arruinado tudo naquele momento; foi a primeira vez que um de nós prometia alguma coisa. Mas parecia bom. Acho que fazer pequenas promessas nos tornou mais corajosos para as promessas maiores.

Nunca houve um momento de epifania em que decidimos nos casar, não fomos atingidos por nenhum relâmpago. Assim que passamos a conversar a respeito, começamos também a tentar nos convencer a não fazê-lo, mas fracassamos. Irlandeses se casam tarde, é regra. Temos aquele DNA da fome do Velho Mundo, aquela mentalidade de não dar à luz nada até que haja todo um estoque de batatas para alimentar os rebentos. Meus ancestrais foram todos pastores que se casaram depois dos 30 anos e depois ficaram juntos para o resto da vida. Pessoas que tiveram casamentos longos e felizes, sem dúvida porque já estavam surdos. Meus avós namoraram por nove anos até se casarem, em 1933. Minha prima Sis Boyle, de Southie, foi noiva por 17 anos até enfim lançar a cautela ao vento e juntar as escovas de dente – e deu à luz exatos nove meses depois desse dia. Renée não ficava nada entusiasmada em ouvir histórias como essas. Informou-me que os apalaches se casam cedo, dão à luz imediatamente e só depois se preocupam em alimentar toda a prole. Seus pais se conheceram com 18 anos, se casaram aos 19 e se tornaram pais aos 20. Isso me apavorou. Juntos, nós tínhamos três mestrados, milhares de discos e nenhum futuro.

Eu só pensava num faroeste antigo com Robert Mitchum em que ele volta à casa onde nasceu, numa fazenda, e a encontra caindo aos pedaços, habitada por um homem sozinho. "Lugar solitário", diz Robert Mitchum. E o velho rebate: "Não há nada de errado com um lugar solitário, contanto que seja privado. Foi por isso que nunca me casei. O casamento é solitário, mas não é privado". Esse sempre foi o meu medo mais intenso quanto a casar. Quando tudo estava uma merda, e eu me encontrava sozinho, pensava: "Bem, pelo menos não tenho outra pessoa miserável com quem me preocupar". Acho que se você abre mão de seu espaço privado e ainda assim se vê solitário, está simplesmente ferrado. Então me sentia mais seguro ao sequer pensar nisso. Sem dúvida, a ideia de ficarmos juntos era assustadora. Porém nós também não queríamos esperar alguns anos para ver se iria acontecer. Por que não *fazer* acontecer? Parecia falso insistir em dizer: "Se ainda estivermos juntos no ano que vem...", já que sabíamos que *queríamos* estar juntos no ano que vem. Fingir manter as opções abertas se tornou um peso morto.

Éramos apenas dois anjos caídos, jogando os dados das nossas vidas. Já tínhamos ouvido todas as histórias cabulosas de casamentos prematuros, divórcios rápidos e corações partidos. Mas sabíamos que nenhuma delas iria acontecer conosco, porque, como os Dexy's Midnight Runners cantaram para Eileen, éramos jovens e espertos demais. E se simplesmente decidíssemos *não* desmoronar? E se decidíssemos *não* esperar para ver o que iria acontecer e, em vez disso, decidíssemos o que queríamos que acontecesse e, depois, como fazer acontecer? Como Jerry Reed diz para Burt Reynolds, em *Agarra-me se Puderes*: "Nós nunca não conseguimos antes, não é mesmo?".

Então dei o anel da minha avó a Renée. Meu avô era louco por Renée, pelo menos em parte porque ela era praticamente um palmo mais baixa que todas as netas dele, de modo que ele podia se inclinar e falar direto no ouvido dela. Eu sabia que minha avó teria amado Renée, mas esperava não estar decepcionando-a. Renée e eu estávamos agindo como uma dupla de fedelhos americanos aventureiros. E vovó sempre me alertava: "Nunca se case com uma garota americana. Essas garotas americanas são preguiçosas!", bufava. "Não cozinham nem limpam. Você precisa de uma garota irlandesa."

Quando Renée e eu falamos sobre isso anos depois, concordamos numa coisa: fomos malucos. Renée sempre dizia: "Se algum dos nossos filhos quiser se casar aos 25 anos, vamos ter de trancá-lo no sótão". Éramos só garotos, e todos que foram ao casamento eram culpados de uma negligência vergonhosa, se não criminosa – olha só esta torradeira prateada novinha em folha, não é bonitinho ver os bebês brincando com ela na banheira? Jesus, gente! Existe uma coisa chamada "amor duro". Porém, seja lá por qual motivo, ninguém tentou nos impedir ou colocar noção na nossa cabeça. Em vez disso, todos quiseram nos ajudar. Não tínhamos dinheiro, então todos os nossos amigos nos fizeram favores. Nosso amigo Gavin se ofereceu para ser DJ no casamento. Nenhum de nós queria ficar maluco planejando um casamento – já estávamos de mãos cheias no planejamento da vida de casados.

Tentei convencer Renée a dançarmos "Everybody Wants Some", do Van Halen, no casamento, porque eu tinha uma visão romântica de nós balançando o esqueleto na parte em que Alex Van Halen toca bongôs e David Lee Roth faz seu comovente monólogo "eu gosto de como a linha percorre as costas da meia-calça". Mas Renée rapidamente rejeitou a ideia – não havia romance na garota. Então "Thirteen", do Big Star, foi a escolhida, a canção que nos uniu. Alugamos a capela da universidade por uma hora, o que custou 100 mangos, e marcamos uma recepção no hotel Best Western, perto dali. Para a cerimônia, Renée escolheu um hino batista do qual eu nunca tinha ouvido falar, "Shall We Gather at the River", e nós nos divertimos selecionando leituras de Wallace Stevens e Virginia Woolf. Estávamos ansiosos para elaborar um acordo pré-nupcial, mas, infelizmente, descobrimos que não se pode obter um, a menos que você, de fato, seja dono de alguma coisa. Renée escolheu um smoking para mim – eu não usava um desde a formatura da Walpole High, em 1985 (tema: "We've Got Tonight") – e optou por um fraque, porque me deixava parecido com Janet Jackson no clipe de "Escapade".

Tudo o que me lembro do casamento de fato é de estar ali, nos degraus do altar, como Enzo, o padeiro, em *O Poderoso Chefão*, estava nas escadas do hospital com Al Pacino, à espera dos matadores do turco chegarem, tentando parecer que estava pronto para eles e, assim, assustá-los. Nós dois nos sentimos como Enzo naquele dia. Ele é um padeiro; não sabe nada de armas. Só foi levar algumas flores para seu *Don*, que fez um grande favor a ele no dia do casamento de Connie. Agora ele e Pacino estão ali, nas escadas, tremendo, fingindo que sabem o que estão fazendo. Não enganam um ao outro, mas talvez consigam enganar todo mundo.

Durante o casamento, Renée colocou a aliança na minha mão direita e então começou a sussurrar: "Mão errada! Mão errada!". Sussurrei de volta: "*Depois* a gente troca", mas ela insistiu em agarrar a minha mão direita, puxar a aliança de volta sorrateiramente e colocá-la na minha mão esquerda, tudo isso no meio da cerimônia. Nenhum dos presentes percebeu. Você mandou bem, Enzo.

Quando chegamos ao Best Western, fomos direto para a pista de dança enquanto Gavin nos agradava com nosso pedido especial, "I'm a Greedy Man", de James Brown. O Poderoso Chefão do Soul estabelecia seu programa de três itens para a alegria doméstica plena:

- Não deixe a tarefa de casa incompleta,
- Não conte aos vizinhos,

e, o mais crucial,

- Você precisa ter algo onde se sentar antes que eu te carregue para casa.

Todo mundo bailou ao som das Go-Go's, do Human League e de Chuck Berry, nós bebemos champagne e Gavin tocou a versão de Al Green de "I

Want to Hold Your Hand" pelo menos quatro vezes. Dancei "Nadine", de Chuck Berry, com a mãe de Renée. Minhas irmãs me incentivaram a fazer um discurso para os convidados. Comecei com uma citação do rapper Kool Moe Dee; minhas irmãs disseram que foi um discurso legal e me cortaram. Gavin colocou "Everybody Dance Now", do C&C Music Factory, e meu tio Ray entendeu isso como a deixa para fazer o *deslize elétrico*. (O tio Ray e o deslize elétrico combinam como um Ford 1976 e uma caixa de fósforos.) Em todos os casamentos que frequentamos, minha família é sempre a mesa problemática, aquela da qual todo mundo acaba se afastando por autopreservação. É uma tradição familiar que nos orgulha. Agora o casamento era *nosso,* e ninguém poderia nos impedir. Dar-nos uma caixa de champagne e uma pista de dança era como dar a um maluco as chaves de um Boeing 747 e dizer: "Agora sério, cara, não caia com ele. Promete?".

Pouco antes de a festa terminar, o tio Troy, de Renée, foi até ela, deu-lhe um grande abraço e sussurrou algo em seu ouvido. Achei tocante. Não me dei conta de que ele dizia: "Pegue leve com o garoto".

Depois da recepção, nossos amigos nos levaram até o Eastern Standard, o bar onde nos conhecemos. A *bartender* a postos era Ruby, uma das nossas favoritas, uma senhorinha profana e excelente, que estava cagando e andando para as nossas memórias preciosas. Ruby, a Lobisomem da SS. Ruby era quem colocava a "constância" em "constantemente bêbada e hostil". Já que as leis estaduais da Virginia proíbem um *bartender* de consumir álcool atrás do balcão, ela acendeu um baseado gigante e ignorou todos os nossos pedidos embriagados para tocar a fita do Big Star. Do outro lado da rua, estava rolando uma grande festa no Silver Fox, o único clube drag da cidade, que não tinha licença para vender bebidas alcoólicas. Portanto, o Eastern Standard estava cheio de Chers e Jackie Kennedys que atravessavam a rua para tomar um trago. Encurralados em pontas diferentes do bar, Renée e eu assistíamos a nossos amigos se misturarem e, de vez em quando, cruzávamos olhares, tentando descobrir quais convidados estavam em busca de dar uma. Renée sabatinou os judeus sobre o significado de "*mazel tov*", os batistas me sabatinaram sobre a obrigação (ou não) de Renée de conceber bebês católicos e doá-los ao Vaticano, e os sulistas sabatinaram os nortistas sobre o porquê de ninguém comer *grits* de fato. Por volta das 23h, todo mundo virou os copos e seguiu para o shopping para ver *O Exterminador do Futuro 2*.

Renée e eu permanecemos no bar para mais uma dose de bourbon e *ginger ale*, que nenhum de nós conseguiu terminar. Havíamos esperado o dia todo para ter um único minuto sozinhos, mas ambos não conseguimos pensar em nada para dizer.

"Por que ele beijou o livro?", ela enfim me perguntou.

"Perdão?"

"O padre Cunningham beijou o livro."

"É um negócio padrão."

"Isso quer dizer que sou católica agora? Porque se ele me transformou em católica sem pedir, minha mãe vai ficar puta da cara."

"Ele te transformou numa bispa."

Renée brincou com os cubos de gelo com uma espadinha de pirata de plástico e apoiou a cabeça no meu ombro.

"O Mel era gay?", perguntou.

"Vossa Santidade tem uma pergunta?"

"Mel. Do Mel's Diner.[16] Beije meus *grits*."

"Você quer dizer o Vic Tayback."

"Não, só o Mel."

[16] Referência ao seriado *Alice*, exibido nos EUA pela CBS entre 1976 e 1985 e baseado no filme *Alice Não Mora Mais Aqui* (1974). A protagonista, Alice, trabalha como garçonete no restaurante Mel's Diner. O dono, Mel, era interpretado pelo ator Vic Tayback. (N. do T.)

"Acho que não."

"Mel nunca pegava nenhuma garota. NUNCA."

"Ele era um cara muito trabalhador. Devotado ao restaurante."

"Ele nunca pegava garota nenhuma. Nunca andava com ninguém que não fosse Alice, com aquelas canções de musicais. E Vera, com o sapateado."

"Ele tinha Flo."

"Flo era uma drag queen total."

"Não vejo por onde."

"*Queer* feito uma nota de três dólares, querido", disse Ruby. "Última dose."

Ninguém se lembrou de nos dar uma carona para casa. O último ônibus tinha passado há horas. Assim, peguei a mão de Renée, ou talvez ela tenha pegado a minha, e caminhamos. Talvez tenha levado uma hora ou duas, nenhum de nós usava relógio, então não sei. Como estávamos cansados demais para fofocar, cantamos músicas que sabíamos, como "O.P.P." e "I Just Want to Be Your Everything". Eis que ambos começamos a nos lembrar das letras de um monte de outras canções de Andy Gibb.

Se dependesse de mim, a história terminaria aqui. Renée sempre foi mais corajosa. Ela sempre queria saber o que acontece em seguida.

ISSO É ENTRETENIMENTO

JULHO DE 1991

A LADO A
DATA/HORA

Morrissey: "That's Entertainment"
Unrest: "Yes She Is My Skinhead Girl", "Sex Machine"
The Dead C.: "Scarey New", "Phantom Power"
Love Child: "Know It's Allright"
Pavement: "Angel Carver Blues/Mellow Jazz Docent"
Sonic Youth: "Personality Crisis"
Nirvana: "Sliver"
Teenage Fanclub: "Everything Flows"
Pavement: "Debris Slide"
Superchunk: "Cool"
Unrest: "Cherry Cherry"
Royal Trux: "Lick My Boots"

B LADO B
DATA/HORA

Teenage Fanclub: "Everybody's Fool", "God Knows It's True"
The Perfect Disaster: "Takin' Over"
Yo La Tengo: "Yellow Sarong", "The Summer", "Oklahoma, USA", "Ecstasy Blues"
Superchunk: "Slack Motherfucker"
Urge Overkill: "The Candidate"
Blake Babies: "I'm Not Your Mother", "I'll Take Anything", "Gimme Some Mirth"
The Pooh Sticks: "Young People", "The Rhythm of Love"

Agora que estávamos casados, Renée parou de sonhar com os ex-namorados toda noite. Ficou puta da cara com isso. E eu também. Os meses que antecederam o casamento haviam sido um desfile de sonhos altamente divertidos (para mim) e traumáticos (para ela), que os confessava envergonhada toda manhã. Todos tinham o mesmo enredo: Renée se aventura com algum garoto de seu passado, ele implora para que ela fuja com ele, ela pensa a respeito e, então, decide seguir em frente para seu futuro comigo. Ela achava que esses sonhos eram segredos cheios de culpa. Eu os achava engraçados. Adorava conhecer esses palhaços. Meu favorito era o jogador de vôlei de Roanoke. Da última vez que ela ligou para ele para transar, ele disse que estava ocupado – não queria perder o episódio de despedida de *Magnum*. Anos depois do ocorrido, Renée ainda estava furiosa. E eu queria cumprimentá-lo. Era essa a minha concorrência? Não surpreende que eu tenha ganhado uma oportunidade. Comparado às memórias dela, eu me sentia como o Pelé batendo bola com o time dos Tampa Bay Rowdies de 1981.

Uma vez casados e com aqueles sonhos interrompidos, acho que ela finalmente tinha terminado de se despedir. Nós dois sentíamos falta daqueles rapazes. Agora estávamos sozinhos um com o outro.

O que significava que tínhamos uma porção de vizinhos com quem lidar. A senhora da casa ao lado apareceu numa tarde de domingo com uma tigela de muffins, bem no meio de *Studs*. Renée explicou que, no Sul, isso é normal – você simplesmente aparece na casa dos vizinhos recém-casados. Fiquei estupefato. Agora eu era um marido sulista. Havíamos nos casado naquela paisagem alienígena com costumes estranhos. Será que eu tinha escolhido isso? Renée o tinha? Parecia uma ressaca numa canção country: você apaga no trem, perde a estação em que deveria descer, acorda numa cidade da qual nunca ouviu falar e é onde mora agora. Renée e eu *estávamos* só de passagem, a caminho de um outro lugar, mas, de repente, *vivíamos* aqui.

Como recém-casados, nos ajeitamos no porão de Renée na Highland Avenue. Foi a primeira casa que tivemos sozinhos juntos, com o lado B do *Greatest Hits, Volume 1*, do Earth, Wind & Fire no som, sem nunca precisar ser virado – nós só levantávamos a agulha a cada 18 minutos. Renée tinha um emprego formal como assistente num escritório de advocacia. No trabalho, ela ligava o rádio baixinho para escutar meu programa, no qual eu fazia serenatas para ela com dedicatórias a longa distância de temas como "My

Crotch Does Not Say Go", do Frightwig. Por volta das 17h, eu dirigia até o centro da cidade para buscá-la e, depois, podíamos ir a qualquer lugar que quiséssemos. Fazia calor demais para seguirmos para casa antes do pôr do sol, então geralmente íamos ao Fashion Square Mall, onde nos sentávamos num banco, desfrutávamos do ar-condicionado gratuito e inspirávamos o aroma de cookies, doces de canela e algodão-doce, batendo papo para evitar que a mente se aventurasse a lugares aos quais não tínhamos dinheiro para ir. Para jogar fliperama, íamos ao cinema Seminole, onde podíamos jogar a máquina de *Rollerball* a noite toda sem comprar ingresso. Se estivéssemos nos sentindo preguiçosos, só íamos à MJ Design para espiar os casacos de pele divertidos.

Nosso quintal dava para a mata, e nos sentávamos lá quando ficava úmido demais para respirar dentro de casa. Charlottesville se transforma numa floresta tropical todo verão; os ventos marítimos sopram desde Tidewater, a algumas centenas de quilômetros a leste, e então atingem Blue Ridge, de modo que todo o ar quente e úmido simplesmente paira sobre Charlottesville. Olhávamos para os quintais dos nossos vizinhos e tentávamos imaginar suas vidas. Será que eles *moravam* mesmo ali, chamavam aquele lugar de lar? Ou será que estavam a caminho de coisas maiores, como nós? Será que ficaram presos aqui a caminho de algum outro lugar, ou seria esta a cidade a que chegaram e disseram "É aqui?". Será que tinham desistido e culpavam um ao outro? Estariam sendo discretos e planejando seu próximo passo?

Eu ainda estava na labuta na pós-graduação. Meus amigos e eu presumíamos que logo seríamos professores universitários titulares, o que é um objetivo de vida excelente – é como planejar ser a Cher. Você pensa: vou usar miçangas e vestidos franjados e cantar "Gypsies, Tramps and Thieves" a caminho do trabalho toda manhã até que, um dia, receberei um telefonema que dirá:

"Parabéns! Você é a Cher! Consegue estar em Vegas a tempo para o show?".

Renée e eu tremíamos no ar-condicionado do Fashion Square Mall e conversávamos sobre como seria excelente quando enfim fôssemos embora de Charlottesville. Íamos cedo para o Chicken House para pegar as promoções do dia, na ponta do shopping que tinha a Sears. Era barato e gostávamos de estar cercados por casais idosos excêntricos. Um dia, seríamos um deles. Enquanto isso, não acreditávamos como era empolgante estarmos juntos, uma dupla de jovens aventureiros americanos se divertindo à beça. Tínhamos vivido por apenas 25 anos; não planejávamos morrer por, pelo menos, mais uns 50. Dançávamos, bebíamos e íamos a shows de rock. Nossas vidas estavam apenas começando, nosso momento favorito era agora, nossas canções favoritas ainda não tinham sido escritas.

Naquele verão, adotamos nosso cachorro e nossa nova banda favorita.

"Quero conhecer nosso cachorro", disse Renée certa noite. Estávamos sentados no estacionamento do Fashion Square Mall, por volta da meia-noite, com as janelas do carro abertas.

"Não temos cachorro", falei.

"É por isso que eu quero conhecê-lo."

"Eu odeio cachorros."

"Você vai amar cachorros."

"Eu cresci com cachorros."

"Cresceu com coisinhas chatas do Norte. Espere até conhecer Duane."

Duane Allman, o guitarrista dos Allman Brothers, o doce anjo loiro da Georgia que fez os solos de "Whipping Post", "You Don't Love Me" e "Blue Sky". Fomos até a Sociedade Protetora dos Animais à procura de Duane.

"Eu odeio cachorros."

"Este cachorro será Duane Allman. Um cachorro do Sul. Vai dormir no sol o dia todo. Vai ser um homem da estrada [um 'Ramblin' Man']."

"Duane Allman não tocou em 'Ramblin' Man'. Foi o Dickey Betts."

"Você é tão bom garoto."

Duane Allman era uma beagle. As moças da SPA a colocaram numa coleira e deram a Renée, para que a levasse para um passeio pelo recinto. Seu nome era "Dutchess", com T no meio. Tinha mais ou menos um ano e era alta para uma beagle. Assim que viu Renée, ela balançou o rabo. Passeamos com mais uns dois outros cachorros naquele dia, mas nenhum combinou com o nome. Essa era Duane.

"O próximo cachorro vai ser Ronnie Van Zandt", disse Renée na volta para casa, com Duane no banco traseiro ficando enjoada de andar de carro.

Meu interesse por cães define o termo "escasso". Não há como existir um interesse mais escasso. Eu esperava que Duane Allman me fizesse mudar de ideia. Não mudou. Duane não era nem um pouco tranquila – era um conjunto de pesadelos peludinho e pilhadíssimo. Não se parecia muito com Duane Allman; estava mais para Teenage Jesus and the Jerks. Duane mordia o cara da TV a cabo e batia a cabeça na tela da porta; Renée não percebia. O amor por cães é cego. Na verdade, o amor por cães é meio tonto. Duane e eu nunca teríamos tolerado um ao outro se tivéssemos escolha, mas o que mais poderíamos fazer? Éramos dois animais apaixonados pela mesma garota.

Agora éramos três num apartamento que ficara ainda menor, então aumentamos um pouquinho mais o volume do som. Assim como todos os nossos amigos de Charlottesville, vivíamos para a música. No verão de 1991, o mundo borbulhava de bandas guitarreiras jovens e tremendas. Não sabíamos que "Smells Like Teen Spirit" estava para chegar em poucos meses, só sabíamos que, depois de alguns anos em que as bandas de rock soaram presunçosas e fracas, havia algo novo no ar. Ouvíamos muito o compacto de "Sliver", do Nirvana. Não parecia um grupo que estava se aprontando para desafiar o mundo. Verdade seja dita, soava meio como os Lemonheads. Mas tudo bem. Essa era a música pela qual nos apaixonamos, a música que nos uniu, e agora havia mais dela do que nunca.

Esperamos todo o verão pelo show do Pavement. Havia *flyers* espalhados por toda a cidade:

> **Falamos sério, cara,**
>
> **PAVEMENT**
>
> **com os convidados muito especiais**
>
> **ROYAL TRUX**
>
> **QUINTA-FEIRA, 29 DE AGOSTO**
>
> **US$ 5, apenas US$ 4 para quem estiver de camiseta da WTJU**
>
> **Basicamente, ele é um bom garoto suburbano que conseguiu uma guitarra e um pouco de heroína e deu meio errado.**

Na noite do show, o lugar estava carregado de expectativa. Nenhum de nós sabia qual era a aparência do Pavement, nem ao menos quem fazia parte da banda. Eles lançavam compactos misteriosos sem nenhuma informação sobre o grupo ou fotos, só créditos para instrumentos como "lesma-guitarra", "pseudopiano cri-cri", "entecladiado", "esqueminha que brilha" e "simbiose do estrondo". Presumíamos que fossem másculos e afetados, do tipo que olham para o chão e fazem *noise* abstrato de moleque. Seria uma boa noitada.

O Royal Trux entrou algumas horas atrasado, o que tenho certeza de que não teve nada a ver com comprar drogas em Richmond. Foram ótimos, tipo uma versão escória do rock de Katrina and the Waves. A garota de cabelo oxigenado e camisa de futebol americano pulava e gritava enquanto o garoto de franja cortada em casa, assustadora, tocava guitarra e tentava não ficar no caminho dela. Ela arremessou um prato nele. Quisemos levá-los para casa e lhes dar um banho, uma refeição quente e uma transfusão de sangue.

O Pavement, porém, não tinha nada a ver com o que imaginávamos. Eram uns caras bonitos e estavam *curtindo*. Assim que entraram no palco, foi possível ouvir todas as garotas na plateia ovularem em uníssono. Eram cinco ou seis no palco, alguns tocando guitarra, outros só batendo palma e cantando junto. Não encaravam o chão. Estavam ali para fazer barulho e se divertir. Tinham *fuzz*, *feedback* e, ironicamente, melodias lindas e cantaroláveis de forma nada irônica. O baixista era igualzinho ao namorado de Renée do Ensino Médio. Stephen Malkmus se debruçava ao microfone, franzia o cenho e cantava versos como "*I only really want you for rock and roll*" ou "*When I fuck you once it's never enough/ When I fuck you two times it's always too much*"[17]. As músicas eram todas rápidas ou tristes, porque todas as músicas têm de ser rápidas ou tristes. Algumas das rápidas também eram tristes.

Depois cambaleamos até o estacionamento num silêncio total. Quando entramos no carro, Renée falou numa voz pesarosa: "Acho que os Feelies nunca mais vão ser bons o suficiente".

Nosso amigo Joe, de Nova York, nos mandou uma fita, uma cópia de terceira geração do álbum *Slanted and Enchanted*, do Pavement. Renée e eu decidimos que era a nossa fita favorita de todos os tempos. As guitarras eram pura dor e arrepio pueril. O vocal cantava poesias ruins engraçadas pelo microfone de um *drive-thru* do Burger World. As melodias eram repletas de serenidade de surfista, devaneios por entre uma névoa de ruído de fita e barulhos misteriosos de amplificador. Essa era a melhor banda de

---

[17] "Só te quero pelo rock 'n' roll"; "Quando eu te como uma vez, nunca é suficiente/ Quando eu te como duas vezes, é sempre demasiado".

todos os tempos, obviamente. E não tinha vivido 20 anos atrás, ou 10 anos atrás, ou cinco anos atrás. Era o agora. Era nossa.

Penso naquela época e penso no lema gravado no encarte de um daqueles compactos do Pavement: SOU FEITO DE CÉU AZUL E ROCHA DURA E VOU VIVER ASSIM PARA SEMPRE.

A ZONA DE CONFORTO

ABRIL DE 1992

A LADO A DATA/HORA	B LADO B DATA/HORA
Vanessa Williams: "The Comfort Zone"	Tom Cochrane: "Life Is a Highway"
The KLF com Tammy Wynette: "Justified and Ancient"	Escape Club: "I'll Be There"
U2: "One"	TLC: "Baby Baby Baby"
Hi-Five: "I Can't Wait Another Minute"	En Vogue: "Giving Him Something He Can Feel"
Kris Kross: "Jump"	Lionel Richie: "Do It to Me"
Enigma: "Sadeness"	A.L.T.: "Tequila"
Paula Abdul: "The Promise of a New Day"	George Michael e Elton John: "Don't Let the Sun Go Down on Me"
Linear: "TLC"	Trey Lorenz: "Someone to Hold"
Fine Young Cannibals: "She Drives Me Crazy"	Corina: "Temptation"
Mariah Carey: "Love Takes Time"	Nikki: "Notice Me"
Siouxsie and the Banshees: "Kiss Them for Me"	Natural Selection: "Do Anything"
Prince: "Cream"	Mint Condition: "Breakin' My Heart (Pretty Brown Eyes)"
Madonna: "This Used to Be My Playground"	Hi-Five: "I Like The Way (The Kissing Game)"
Right Said Fred: "I'm Too Sexy"	
Sir Mix-A-Lot: "Baby Got Back"	

A *Zona de Conforto foi uma fita para lavar a louça,* talvez a melhor fita para lavar a louça de todos os tempos, sob medida para eu meter os braços até os cotovelos no detergente até o momento de pôr tudo para secar. Eu a colocava no volume máximo na *boombox* que deixávamos na bancada da cozinha, bem do lado da pia. Gravei a maior parte dela do programa *American Top 40*, de Casey Kasem, transmitido pela Z-95, nossa rádio local de parada de sucessos, com Casey tagarelando entre uma música e outra. Porém isso só agrega ao clima, uma vez que, para qualquer devoto da música pop, a voz de Casey é a música das esferas superiores. Essa fita faz uma contagem regressiva dos hits de costa a costa! À medida que as primeiras posições se aproximam, maiores os hits! E não vamos parar! Até chegarmos ao topo!

Assim como todas as fitas gravadas do rádio, é uma miscelânea. Enganações de disco music, metaleiros farofa com cabelo de poodle que usavam couro vermelho, rappers gangsta, clubbers, pop açucarado da madrugada, clássicos de desenhos animados, divas purpurinadas, fracassos, artistas fajutos, falcatruas de um só sucesso – adorávamos tudo. Ninguém se lembra do KLF hoje, mas eles acertaram um dos tiros mais sublimes da década com o hit de 1992 "Justified and Ancient". Uns *poseurs* de escola de arte britânica contratando Tammy Wynette para cantar uma canção disco incrivelmente bela sobre um caminhão de sorvete? Genial! E é claro que se tornou um sucesso internacional gigantesco. Só nos anos 90, meus irmãos e minhas irmãs. Ninguém nunca levou essas músicas a sério, mas nós amávamos mesmo assim: Vanilla Williams, Paula Abominable[18], Kriss Kross, meu amado Hi-Five.

Em alguns círculos, admitir que você adora as paradas de sucesso do rádio é equivalente a admitir que passou gonorreia para a própria avó, na igreja, na primeira fila do velório da sua tia. Mas esses são os círculos que eu evito feito praga ou, já que estamos nessa, gonorreia. A beleza da parada de sucessos é que você não precisa ser nenhum grande artista para fazer uma grande música – de fato, a grande arte é só um pé no saco. E é por isso que Tom Cochrane, grande embusteiro do rock imbeciloide, soa absolutamente em casa aqui com seu hino ao ridículo, ao passo que o U2 soa como

---

[18] Trocadilhos com Vanessa Williams ("Baunilha Williams") e Paula Abdul ("Paula Abominável"). (N. do T.)

jesuítas que tentam parecer descolados para o grupo de jovens do retiro. Tom Cochrane não tinha nada a dizer, além de um jeito estúpido de dizê-lo, mas me ajudava a lavar a louça. Como diria Casey Kasem, ele mantinha meus pés no chão e me fazia tentar alcançar as estrelas – ainda que com as mãos cheias de espuma.

A Z-95 era a única rádio de Top 40 da cidade, e minha esposa e eu a amávamos intensamente. Tocava sucessos como "I'm Too Sexy", "Baby Got Back" e "Justified and Ancient" uma vez por hora. Também rodava constantemente um hit techno britânico horrível chamado "Groovy Train", do The Farm, ou talvez fosse "Groovy Farm", do The Train – como eu iria saber? A Z-95 tocava todo tipo de supostos hits que não existiam na parada Top 40 verdadeira da *Billboard*, canções das quais nossos amigos das cidades grandes nunca tinham ouvido falar. Nós achávamos que "Wiggle It", do 2 in a Room, era o maior sucesso do mundo. Não era. Achávamos que "Love... Thy Will Be Done", de Martika, era o hino da juventude em meados da primavera de 1992. Não era. Tínhamos pena dos tolos de Nova York e de L.A. que não faziam ideia de que o Hi-Five era a maior banda de rock 'n' roll do mundo. A MTV não chegava nem perto dessas coisas. Porém o que é que eles sabiam? Era uma era de ouro, e, só por estarmos encalhados no meio do nada, nos encontrávamos no olho do furacão. Ninguém se lembra, ninguém se importa, e, por mim, tudo bem. Mas eu poderia assobiar "Notice Me", de Nikki, para você. Alguns anos atrás, éramos dois.

Certa noite, Renée e eu estávamos assistindo ao clipe do En Vogue, em que elas brilham de vestido vermelho sexy num clube chique metido a besta. "Elas não estão usando calcinha", disse Renée.

"Como não? Como você sabe?"

"Eu só sei."

"Não estão?"

"Não estão."

Olhei, mas não consegui ver. Acho que uma mulher simplesmente sabe dessas coisas. Talvez fosse a maneira como as garotas mexiam os quadris, para a frente e para trás, de um jeito que a calcinha não teria como conter; talvez fosse a ausência de marcas no vestido. Renée não me disse.

Há, também, uma cena no clipe em que um dos caras da plateia tira a aliança do dedo sorrateiramente e a esconde no bolso. Renée odiava essa cena, mas eu adorava, porque ela me lembrava que era hora de lavar a louça. Sempre que eu lavava a louça, tinha de tirar a aliança e colocá-la sobre o micro-ondas, para que ela não caísse no ralo. Então acho que essa é a canção pop perfeita – me lembra da ausência de roupas íntimas e me lembra de lavar a louça. O que mais se pode querer?

Venho de uma longa linhagem de homens lavadores de louça. Quando eu era criança, ficava maravilhado com a energia do meu avô para lavar a louça. Minha mãe sempre me dizia: "Ele faz isso pela paz de espírito". Só fui entender depois de me tornar adulto e marido, quando essa afirmação então fez perfeito sentido. Descobri que havia entrado para um clube, uma tribo que já datava de séculos, a de homens irlandeses de temperamento tranquilo casados com mulheres irlandesas enérgicas e tempestuosas. Às vezes, o único jeito de escapar é abrindo uma torneira bem barulhenta e desaparecendo nesse som por algumas horas. Às vezes, quando Renée e eu brigávamos, eu lavava pratos que nem estavam sujos só para fazer um barulhinho.

Renée e eu nos surpreendíamos com todo o drama com que tínhamos de lidar só de vivermos juntos naquele quartinho. Por exemplo, nós sempre discutíamos por causa do telefone. Não sou muito de telefone. Sempre jurei que se um dia conhecesse uma mulher que ignorasse um telefone tocando para mim, seria ela a escolhida. Mas é claro que isso nunca aconteceu, e eu me apaixonei por uma mulher que derrubaria o bisturi no meu baço no meio de uma cirurgia de coração aberto para atender o telefone. Sabe a música do Prince em que o telefone da garota toca, mas ela diz a ele que "quem quer que esteja ligando não vai ser tão gracinha quanto você"? Eu anseio por viver esse momento na vida real. Porém tampouco acredito que tenha acontecido com o Prince. Aposto que até Apollonia atendeu o telefone.

Nenhum de nós tinha talento para briga. Meus ancestrais não foram guerreiros nem reis. Sou descendente de gerações de pastores pacíficos que cuidavam dos seus rebanhos nas montanhas de Kealduve e nunca mataram ninguém. A força deles estava em sua paciência. Ao crescer, nunca me envolvi em brigas porque nunca quis desgraçar meus ancestrais – Deus sabe que eles sabiam como desgraçar a si mesmos, então quis jogar limpo com eles. No entanto, eles viviam nos campos, assim, quando a casa se enchia de emoções feias, podiam ir para fora, fumar um cachimbo, chutar uma ovelha ou algo assim e espairecer. Renée e eu não tínhamos fazenda, sequer tínhamos paredes no apartamento. Brigávamos no mesmo cômodo em que dormíamos e comíamos, o que não é bom. O temperamento dela ia de zero a cem fácil. Éramos bem bons em evitar que as brigas de dois minutos virassem brigas de três minutos. O problema era evitar que as brigas de três minutos virassem brigas de oito horas. Quando o ar na casa ficava tóxico, eu ia para a garagem, me sentava no carro e lia, esperando a poeira baixar.

Numa tarde de sábado, me cansei da garagem, então disse: "Foda-se". Fui até o estacionamento do shopping Barracks Road, comprei um café e me tranquei no carro com um livro. Fiquei lá sentado o dia inteiro, lendo *The Witch of Atlas*, de Shelley, esperando o amargor da minha cabeça baixar. Quando o sol caiu, eu ainda não estava pronto para voltar para casa, então entreabri a porta para deixar a luz interna acesa pelo tempo que eu conseguisse suportar o frio. Depois disso, liguei o motor e fiquei sentado no carro, tentando continuar a ler. Sintonizei o rádio e ouvi um velho hit dos anos 70 que eu detestava desde a infância: "Hitchin' a Ride", do Vanity Fare. Odeio essa música. O vocalista cantarola sobre como está largado à beira da estrada, pedindo carona, já que sua garota o mandou embora. "*Ride, ride, ride. Hitchin' a ride*." Tem um solo de flauta. Lá estava eu, encolhido no frio, respirando vapor e esbravejando "eu odeio esta música". Então fui para casa. Umas duas noites depois, Renée me perguntou: "Aonde você levou o carro aquele dia?". Contei a ela, que riu de mim.

O tipo de coisas estúpidas pelas quais costumávamos brigar:

Telefone: Se ela parava para atender o telefone no meio de uma briga por causa do telefone? Sim, ela parava. Isso definitivamente provava que um de nós estava certo, mas não tenho certeza de quem era.

Dinheiro: Um de nós era mão de vaca, o outro, gastador. Nenhum de nós era o que se chama "ganhador".

Reprodução: Éramos programados de maneiras muito distintas sobre esse assunto, considerando nossa ancestralidade e cultura. Ela gostava da ideia de ter filhos logo; eu, não. Três ou quatro vezes por ano tínhamos conversas a respeito disso, que geralmente começavam como uma anedota curiosa sobre o bebê de um colega de faculdade ou uma parente grávida e, de repente, se transformava nos últimos 20 minutos de *Meu Ódio Será Sua Herança*. Por que não discutimos isso *antes* do casamento? Não sei. Simplesmente não discutimos. Renée tinha uma amiga ótima em seu trabalho no shopping, uma garota do interior chamada Tiffany, que largou o emprego para ter um bebê e receber auxílio. Quando ela levou o bebê ao shopping para mostrar ao pessoal, perguntou a Renée por que ainda não tivera um filho. Renée falou algo sobre estar juntando dinheiro. "Ah, querida, o dinheiro sempre vem de algum lugar!", disse Tiffany. O esquisito é que nós dois não só amamos essa história, como também sentimos que ela nos dava razão. Estranho! Mas verdadeiro!

A palavra "*repulsa*": Eu *odeio* essa palavra. Acredito que "repelir" seja uma palavra perfeitamente boa, e "repulsão" é o substantivo, além de o título de uma música excelente do Dinosaur Jr., "Repulsion". Uma coação coage; um impulso impele. Ninguém fala "coaja" ou "impulsa" como substantivo. Então por que se diria "repulsa"? Essa palavra me assombra durante o sono, como uma adaga de prata que dança diante dos meus olhos. Renée olhou no dicionário e disse que eu estava errado. Mas meio que ainda acho que estou certo.

A palavra "*utilize*": Pior ainda.

Patinação artística: Ela ganhou essa. Fico feliz por isso. A patinação artística nos salvou. Não importava o quão mal-humorada Renée estivesse, todas aquelas piruetas e aqueles saltos a derretiam. Sempre estava passando patinação artística em algum canal na TV. Os dançarinos no gelo eram os melhores: caras eslavos castrados e taciturnos, com coxas do tamanho de um tronco de árvore, embalados a vácuo num traje brilhante, rodopiando gatas com nomes como Natasha ou Alexandra, encenando a lenda de Orfeu e Eurídice ao som orquestral do "Tema Romântico de *Stallone Cobra*". Como é que as pessoas permaneciam casadas antes desse troço ser inventado? Não faço ideia, honestamente. Renée babava por Paul Wiley (o americano certinho), Victor Petrenko (o russo implacável), Kurt Browning (o canadense encorpado) e o bom e velho Scott Hamilton. O sucesso duradouro desse cara como *sex symbol* é o tipo de coisa que me faz enxugar lágrimas de alegria dos olhos e proclamar: "Joia, América!". Para mim, as garotas todas se dissolviam num borrão de vogais e saias bufantes, exceto Katarina Witt. Esta tinha uma bela bunda. *Um Casal Quase Perfeito* – não sei por que esse não é o filme mais famoso já feito. Moira Kelly como a princesa dos patins! *Brrrrrr* – ela é fria como o gelo! Ela está disposta a sacrificar seu amor! D.B. Sweeney como o garanhão do hóquei! "Faço duas coisas bem, gata – e patinar é a segunda." Será que eles vão conseguir ganhar a medalha e dar um salto triplo para o amor? (*É claro* que vão! Preste atenção!) Para Renée, esse filme era um xarope docinho. Nós o assistimos várias vezes. Ainda consigo recitá-lo inteiro de cabeça. "Caso você não tenha percebido... Estou me jogando em você!"

TV em geral: Nós dois adorávamos os *Banana Splits* e a MTV. Quanto a todo o resto, discordávamos. Até onde eu sabia, a TV era um lixo desde a morte de Freddie Prinze. Porém dávamos o nosso melhor para apreciar os gostos um do outro – ela fez eu me interessar pelo *Andy Griffith Show*, eu a fiz se interessar por *Sanford and Son*. Meu método preferido de evitar os programas dela era simplesmente ir para a cozinha e lavar a louça, abrindo a torneira bem forte quando Renée ficava viciada em alguma série que envolvesse médicos, advogados, uma cidadezinha cheia de excêntricos adoráveis ou Kirstie Alley.

Ter um cachorro: Ela venceu essa fácil, como já mencionei; pensei que a minha rendição graciosa me daria o direito a uma concessão ou duas ao longo do caminho. Estava errado. Renée via o cachorro não como uma vitória pessoal para ela, mas como um enorme favor que estava me fazendo ao me ensinar as alegrias de ser mijado por um animal. Essa é apenas uma das peculiaridades adoráveis do cachorro, o melhor amigo que Deus já deu à humanidade nesse mundinho louco. Valeu, Deus!

O comercial de ar-condicionado: Vocês conhecem esse. Ele volta toda primavera, como a mariposa cigana. Marido e mulher estão sentados à mesa da cozinha, suando. Ela diz: "Meu beeeeeem, por que nós não temos aaaaaaar-condicionado?". Ele responde: "Vou ligar amanhã". Ela rebate: "Por que não liga hoje?". Ele sorri e concorda: "Vou ligar hoje". Ele então aparece ao telefone, fazendo um joinha com convicção para ela, enquanto Renée, paralisada, a mão branca de tanta força ao segurar o controle remoto, questiona: "Eu não sou como *ela*, sou?". Essa pergunta é como o cowboy em *Cidade dos Sonhos*, que você volta a ver uma vez caso se saia bem e duas vezes caso se saia mal. Responda à pergunta sabiamente e você não precisará ouvi-la de novo por mais um ano. Tente dar uma resposta esperta e você terá problemas imediatos maiores do que o índice de umidade.

"Let's Go to Bed", do The Cure: Mais ou menos como o item anterior. Quando ela fica deprimida e pergunta: "Meu bem, esta música é sobre nós?", a resposta estratégica é: "Sim, mas 'Just Like Heaven' também é".

Brigas: Assim como a maioria dos casais, provavelmente grande parte das nossas brigas era sobre *nada*, e sim sobre a briga em si. Negociamos as regras lenta e estupidamente ao longo do tempo. O termo "cara feia" foi banido bem no início, no verão de 1990. "Bico" seria pouco depois. "Nem começa" caiu no outono de 1992. "O que você quer dizer com isso?" foi banido, reinstituído e banido de novo. "De novo isso, não" levou alguns anos para entrar na lista. "Onde você está com a cabeça?" nunca foi banido, apesar do meu *lobby* intenso para tal.

Sempre que brigávamos, eu não conseguia dormir, então, quando terminava, eu me levantava, me instalava no sofá, preparava um sanduíche e assistia à TV no mudo. Certa noite, assisti a um filme intenso da Bette Davis, *Uma Vida Roubada*. Mesmo sem som, ainda consegui acompanhar o enredo básico. São Bettes Davis gêmeas, uma boa e uma má. Ambas são apaixonadas por Glenn Ford. Estão num barco; há uma tormenta; o barco vira. A gêmea boa afunda sob as ondas e estende a mão desesperadamente. A gêmea má a pega, mas, em vez de agarrar a mão, só tira a aliança do dedo da irmã. Caramba. Isso foi sangue frio, Bette Davis. De volta à cidade, ela finge ser a gêmea boa e faz sexo pós-naufrágio com Glenn Ford. Caí no sono, então nunca descobri se ela é pega. Depois que Renée morreu, sempre quis voltar e assistir ao filme com som, mas nunca o fiz.

Uma noite, depois de uma briga que eu achava que tínhamos ambos superado, Renée acordou tremendo e com frio. Ela me deu instruções muito detalhadas do que precisava. Eu deveria me levantar, ir até a cozinha, abrir o estoque de massas de pizza e fazer uma pizza para ela. Isso demoraria mais ou menos meia hora. Perguntei se ela ficaria bem sozinha por esse tempo e ela prometeu que me ligaria se não conseguisse. Estava tremendo. Levantei-me e fui até a cozinha.

Quando a pizza ficou pronta, levei-a para o quarto e comemos. Renée me disse que, durante o tempo todo em que ficou sozinha na cama, cantou uma música sem parar para se confortar. Ela cantou: "*The only one who could ever reach me, was the Makin'-the-Pizza Man*"[19] .

---

[19] "O único capaz de chegar até mim foi o cara da pizza", brincadeira com o refrão de "Son of a Preacher Man", de Dusty Springfield: "*...was the son of a preacher man*" (N. do T.)

DANÇANDO COMIGO MESMO

AGOSTO DE 1993

A — O FOGO BAIXO E INTROSPECTIVO	B — LOUCURA MOTIVACIONAL
Meat Puppets: "Up on the Sun"	Tag Team: "Whoomp! There It Is"
Penelope Houston: "Qualities of Mercy"	Chaka Khan: "I Feel for You"
The Chills: "Part Past Part Fiction"	New York Dolls: "Trash"
Bettie Serveert: "Tom Boy"	X: "Breathless"
Pavement: "Box Elder"	Jordy: "Dur Dur D'Être Bébé"
Madonna: "Rain"	Snatch: "Up and Down"
New Order: "Regret"	RuPaul: "Supermodel"
Juliana Hatfield: "Ugly"	X-Ray Spex: "Oh Bondage, Up Yours!"
Lucinda Williams: "Sweet Old World"	L7: "Fast and Frightening"
Morrissey: "Sing Your Life"	KC & the Sunshine Band: "Shake Your Booty"
Replacements: "Kiss Me on the Bus"	Shonen Knife: "My Favorite Town Osaka"
The Shams: "Time"	Buzzcocks: "What Do I Get?"
The Smiths: "Cemetry Gates"	Blondie: "I'm Gonna Love You Too"
R.E.M.: "Sitting Still"	X: "In This House That I Call Home"
	L7: "'Till the Wheels Fall Off"

Certo dia, estávamos no shopping Barracks Road quando Renée me chamou até a ala dos cosméticos. Encaramos um tubo de plástico de cores berrantes pendurado num gancho. Foi o nosso primeiro encontro com a Meleca Grunge, ou, como a embalagem proclamava: "A Lama Para Cabelo Alternativo!". É claro que levamos para casa (1,75 dólar), e Renée a pregou na porta do banheiro.

Foi um verão de Meleca Grunge.

Como Lionel Richie certa vez nos alertou, chega uma época em que atendemos a um chamado. Para nós, foi o verão de 1993. Nosso primeiro verão ruivos cheirava a tinta de cabelo e esmalte. Renée só estava ruiva há alguns meses, mas já enterrava seu passado de morena e o apartamento se enchia de vapores cosméticos. Renée tinha um novo emprego no Fashion Square Mall, onde era a garota da Clarins no setor de maquiagem da Leggett. No trabalho, ela imediatamente se tornou a melhor amiga da garota da Clinique, Susan, vinda de Waynesboro e fanática por carros envenenados. Susan gostava de distribuir conhecimento do tipo "o sucesso é certo com o sinal aberto!". Eu ia até o shopping para buscar Renée, levava cafés para as duas e dava um tempo enquanto elas conversavam de jaleco branco. Susan levava Renée a exposições de carros e corridas de arrancada. Despertou lados dela que eu até então não conhecia, e foi uma visão e tanto. Depois de sair com Susan, Renée sempre voltava para casa dizendo coisas do tipo: "Se tem peitos ou pneus, vai te custar dinheiro".

Naquele ano, a música que nós amávamos explodiu no país inteiro. Era um pouco ridículo como um rock de guitarra antes *underground* estava agora rompendo fronteiras. Mais do que nunca, havia muitas bandas de guitarra fazendo barulho. Mais do que nunca, valia a pena ouvi-las. O primeiro sinal do apocalipse veio nas Olimpíadas de Inverno, quando Kristi Yamaguchi, a rainha do gelo dos EUA, medalhista de ouro, fazia sua coreografia livre ao som de "Milord", de Edith Piaf, e o narrador da TV, Dick Buttons, disse que ela se aquecia nos bastidores ouvindo no Walkman a sua banda favorita, Nirvana. Renée e eu nos entreolhamos. Para ela, foi um momento de epifania – o punk rock era agora um tipo de música que até patinadoras olímpicas ouviam. A porta estava aberta. Chegara a nossa vez. Estamos aqui. Entretenha-nos.

Vivíamos agora num mundo de Meleca Grunge, onde as bandas que amávamos tinham uma chance de se tornar populares, ou meio populares, ou pelo menos populares o bastante para continuar a fazer música, que é o que a maioria delas pedia. Certa noite, antes de um episódio especial de *Cops* sobre Seattle, o narrador disse: "Nesta noite... na cidade que nos deu o Pearl Jam... os tiras vão limpar a sujeira!". Patético? Deprimente? Não. Sensacional, decidimos. Por que não? Nós nos divertíamos com facilidade. Talvez fosse todo o vapor de esmalte, mas estávamos transbordando de energia. Nosso apartamento inundou, então nos mudamos para o sofá. Para jantar, atravessávamos a linha do trem até o Wayside's Fried Chicken. Aos fins de semana, Renée e eu dirigíamos até o *drive-in* de Fork Union para assistir a obras-primas do cinema, como *Paixão sem Limite* e *Invasão de Privacidade*. A MTV passou o verão inteiro exibindo o clipe em que Snoop Doggy Dogg usa o boné da LBC. "Snoop foi aluno da Liberty Baptist College?", perguntava Renée.

Ambos tínhamos *crushes* violentos, sobre os quais adorávamos fofocar. Nossas grandes paixonites naquele verão eram dois novatos da pós-graduação do departamento de Inglês, chamados River e Sherilyn, por causa das estrelas de cinema de quem eles nos lembravam. Graças a Deus, nenhum de nós era do tipo ciumento ou inseguro, ou do tipo adúltero, no caso, já que compartilhar nossos *crushes* era uma das maiores vantagens de estarmos casados. Renée catalogava os meus. Havia a Garota Baixista do Decote (dos clipes do Luscious Jackson), a Garota da Boca Trêmula (Winona Ryder), a Garota Mick Jagger do Elastica (Angelina Jolie, em *Hackers*), a Garota Estampada num Bombardeiro da Segunda Guerra (Jennifer Connelly), a Garota Meus Olhos São Tão Grandes Que Você Poderia Fodê-los (Susanna Hoffs) e a Madonna (Madonna). Ela me apresentou ao seu próprio harém, de Javy Lopez, jogador dos Braves ("Ele com certeza é bem feito"), a Evan Dando ("Ele deve conseguir mais biscoitos que os elfos das propagandas de biscoito").

A princípio, estar casado fazia eu me sentir mais velho, mas, naquele verão, foi o contrário, afinal eu tinha uma esposa com quem podia contar para fazer amigos para mim. Suas amigas se tornavam minhas amigas. Eu não precisava ter o trabalho de mendigar por uma vida social, pois Renée era minha cafetina. Ela me levava às festas e me colocava para circular entre seus *crushes* para obter informações. Em todas elas, nos separávamos na entrada e operávamos em lados opostos do recinto. Tínhamos o nosso sistema: eu checava como ela estava a cada 40 minutos, mais ou menos, tocava seu braço, perguntava se ela precisava de bebida e, então, ela voltava ao trabalho. Na volta para casa, perguntávamos um ao outro: "O que ele/ela disse sobre mim?". River e Sherilyn foram à nossa festa de 4 de Julho. Sherilyn era, na verdade, meio piromaníaca, afinal levou fogos de artifício para disparar nas tochas de citronela. Fizemos mint juleps e nos divertimos à beça. Renée se queimou ao apagar as tochas e ficou com uma cicatriz ao longo de todo o verão.

Todas as festas daquele verão terminavam do mesmo jeito: uma das garotas colocava *Exile in Guyville*, da Liz Phair, para tocar, e todas elas se reuniam na varanda para cantar junto o álbum inteiro, palavra por palavra, enquanto os garotos ficavam de bobeira na cozinha, ouvindo. Era assustador, tal como o verão depois da sexta série, quando as meninas faziam o mesmo com a trilha sonora de *Grease*. As mesmas garotas, as mesmas noites de verão, apenas canções diferentes. "O que houve com um namorado?", perguntava Liz Phair, e eu pensava: Bem, alguns de nós se tornaram maridos, e aí ninguém mais escreve canções sobre nós, exceto a Carly Simon.

Renée colocou essa mixtape para tocar numa noite em que estava costurando. Costurar era sua atividade mais privada, ou pelo menos a mais privada a que ela me permitia presenciar. Por muito tempo, ela precisava que eu saísse sempre que chegava a hora de costurar. Depois de um certo período, ela me deu o OK para ficar em casa, contanto que eu lesse um livro e ficasse quieto. Eu gostava que ela costurasse, porque lhe fazia bem. Gostava mais ainda quando conseguia estar por perto e observar. Ela franzia as sobrancelhas e seus olhos ficavam concentrados. Sua mente vagava a lugares aos quais eu nunca a tinha visto ir.

Na noite em que ela colocou essa fita em especial, estava tão confortável que me deixou fazer companhia a ela enquanto costurava e ouvia. Eu ainda não conhecia essa. Renée gravava fitas particulares para ouvir enquanto costurava ou fazia exercícios (que, por sinal, nunca foi o tipo de coisa que ela conseguia fazer comigo por perto). É claro, as fitas particulares provavelmente tinham todas as mesmas músicas que ela colocava em todas as outras fitas. Um dos lados dessa fita é animado, então presumo que ela o usava para dançar e pular; o outro lado é tranquilo, mais propício para meditar, fazer miçangas ou costurar, entre outras empreitadas solitárias.

Renée se envolveu de um jeito muito sério com a costura naquele ano. Basicamente parou de usar roupas que não eram feitas por ela mesma, a não ser o uniforme da Clarins. Nenhuma das peças que comprava em lojas lhe caía bem. Ela estava ficando maior e mais larga – quadris mais amplos, coxas mais carnudas – e não encontrava modelos que serviam, não chegavam nem perto. Ela chorava quando tinha de comprar roupas feias de lojas como a Fashion Beetle ou a Aunt Pretty Poodle's, suas únicas opções em Charlottesville. Assim, começou a fazer suas próprias roupas. Na sala, o canto da máquina de costura tinha pilhas e mais pilhas de tecidos e estampas. Ela fez um molde do próprio corpo para que pudesse criar desenhos que coubessem nela. Ia à loja de tecidos, vasculhava as caixas de moldes e os comprava para criar algo que se adequasse a ela. Renée basicamente tinha um mesmo minivestido *mod* que fazia e refazia repetidas vezes. Ainda não sabia fazer zíperes, mas naquele verão finalmente aprendeu a fazer botões e os respectivos buracos, então começou a criar suas próprias camisas estilosas. Costurou shorts de ciclista para usar sob os vestidos, de modo que suas coxas não ficassem assadas pelo atrito de uma na outra. E ela chegava em casa com as estampas mais estranhas e lamentáveis: ervilhas, conchas, ovos, a rainha Elizabeth sorrindo, qualquer coisa. Quanto mais patética e desamparada a estampa parecesse na prateleira, mais a convencia a tentar transformá-la num minivestido *mod*.

Quanto mais Renée costurava, mais fácil ficava para ela se mexer e respirar, já que agora ela tinha roupas nas quais podia se mexer e respirar, se sentindo totalmente gostosa ao fazer isso. Era muito intenso vê-la tendo o controle sobre seu próprio corpo ao assumir as rédeas das próprias roupas. Enquanto trabalhava, ela perdia toda a energia nervosa e brilhava como uma deusa conquistadora.

Ela me levava à loja de tecidos sempre que podia. Dizia que gostava de saber a minha opinião sobre o que parecia e o que não parecia descolado, mas isso era uma baita mentira. Ela simplesmente gostava de ter uma companhia masculina para exibir loja afora, e eu estava ciente. Eu sempre era o único homem por lá, e ela me brandia por aquele ambiente igual à minha avó fazia quando me levava a St. Andrews com ela. Ou, a bem da verdade, igual a mim mesmo quando levava Renée a alguma loja de discos usados meio mofada. Eu era um troféu e curtia isso. Enquanto ela examinava concentrada livros gigantes de padrões, eu fazia as perguntas mais estúpidas que conseguia pensar em voz alta e chamativa, para que ela pudesse ostentar o quanto seu garoto se interessava por costura.

"Hum, isto é uma silhueta império?"

"Sim, Rob. Muito bom. É uma silhueta império."

"Entendi. Por que chamam de silhueta império?"

"Foi inventada durante o império napoleônico." (Não faço ideia se isso é verdade.)

"Mas Renée, me explique o seguinte: por que a cintura é tão alta? É como um *boudoir* justo?"

"Acho que você quer dizer corpete justo."

E assim por diante. Eu perguntava, ela explicava. Chato. Mas eu adorava e sabia que ela também. Eu gostava demais de dar um gás na vaidade dela. A vaidade de Renée era uma coisa linda. Eu curtia ser um apetrecho para ela na loja de tecido. Com o tempo, passei a adorar percorrer a loja e explorar todas as coisas esquisitas que eles tinham lá também. Para a minha mente iletrada em moda, era outro planeta. As placas indicativas dos tecidos rendiam sequências perfeitas de nomes para bandas new wave: Seda Xantungue! Restos de Camurça! Dálmatas Divertidos! Este último se tornou o título de uma mixtape. E um par de calças.

A costura de Renée era uma maneira de ela acompanhar as mudanças em seu corpo. Ela sentia seus quadris crescerem cada vez mais ao modo apalache, marcando-a como parte de seu povo. Começava a se parecer com as fotos de sua falecida e amada Vovó, da Virginia Ocidental; às vezes, isso fazia os olhos de seus tios marejarem. Certa vez, o tio Troy lhe deu um abraço e quase chorou, porque aquele abraço lembrou-lhe o corpo da Vovó. Goldie Hughart Crist morreu quando Renée tinha 16 anos, mas ela sentia que estava conhecendo a avó melhor do que nunca agora. Havia muita história nos quadris, e Renée estava descobrindo a sua. Com aquela máquina de costura, estava fazendo uma história própria.

Mais ou menos nessa época, fomos a Dublin (a da Irlanda, não a do condado de Pulaski), para visitar uns primos meus. Enquanto caminhávamos pela rua, ela me disse: "Sabe, estou começando a entender essa coisa toda de garoto irlandês/garota sulista".

"Como assim?"

"Bem, tenho a única bunda nesta rua inteira. Dá uma olhada."

"Já vi a sua bunda."

"Repare nos homens. Eles estão trombando nas paredes."

"É verdade. Achei que estivessem olhando pra mim."

"Eu tenho os únicos quadris até onde se pode ver. Eles nunca viram uma garota antes. Puta merda!"

"Eu pensei que fosse a minha camiseta nova do Suede."

"Nenhuma dessas mulheres tem bunda. Isso é incrível pra caralho."

"É uma camiseta do Suede muito legal."

"O último cara virou a cabeça três vezes."

E por aí foi. Não era a minha camiseta do Suede, acredite.

A costura lhe deu força, sem sombra de dúvida. Ela começou a escrever lembretes para si mesma numa ficha que levava no bolso o tempo todo. A primeira linha dizia: "Muita gente gosta de mim". Ela riscou o "muita" e trocou por "gente o suficiente".

Sou muito expressiva.

Mereço me sentir bonita.

Beijei a Pedra da Eloquência.[20]

Sou forte. Sou corajosa.

Sou uma boa amiga. Sou uma boa irmã. Sou uma boa esposa. Sou uma boa nora e uma boa cunhada. Sou uma boa filha. Sou uma boa sobrinha. Sou uma boa mãe de beagle. Sou uma boa neta.

Dou duro para isso, querida.

Sou um estouro total.

Piloto as ondas do rádio.

Sou melhor do que Brooks Robinson na terceira base.

M-I-M S-E-R A-G-R-E-S-S-I-V-A

Tenho pés, olhos, orelhas, quadris, cabelos, dentes, seios e ombros excepcionalmente belos. E unhas. Numa caneta diferente, ela acrescentou: E cílios e sobrancelhas. E depois, numa terceira caneta: E nariz. E queixo.

---

[20] Também conhecido como Pedra de Blarney, esse bloco de pedra localizado em Cork, na Irlanda, carrega a lenda de que quem beijá-lo receberá o dom da eloquência. (N. do T.)

Nunca aprendi nada de costura com Renée. Era uma coisa totalmente dela. Porém, a intensidade de sua presença enquanto ela se debruçava sobre a máquina, fazendo-a zumbir – isso permanece comigo, bem como todo o linguajar das estampas e o jargão dos tecidos. Apenas mais daquele conhecimento infinito e inútil que você absorve quando está em um relacionamento, sem significado ou relevância fora dali. Quando os relacionamentos acabam, você calha de saber toda essa tranqueira. Alguns anos depois da morte de Renée, eu estava numa sala cheia de amigos assistindo à produção da BBC de *Orgulho e Preconceito*. Todo mundo comentava sobre os vestidos engraçados que Jennifer Ehle estava usando. "Hummm, sim, a silhueta império", eu disse. "Autêntica para o período, mas uma escolha ousada, já que geralmente parece bobo em alguém que não é muito alta. Mas ela veste bem. Nicole Kidman usou uma no Oscar, em 1996." Todos os rostos na sala se viraram lentamente para me encarar. Eu não fazia ideia de como essas coisas estavam gravadas na minha cabeça. Meus amigos esperaram em silêncio por algum tipo de explicação. Ninguém estava mais curioso do que eu.

COMO CONSEGUI ESTE LOOK

AGOSTO DE 1994

A — LADO A
DATA/HORA

- Liz Phair: "Supernova"
- Sebadoh: "Skull"
- Pavement: "Gold Soundz"
- Sugar: "Your Favorite Thing"
- Everything But the Girl: "We Walk the Same Line"
- Hole: "Plump"
- Superchunk: "The First Part"
- Dinosaur Jr.: "Feel the Pain"
- Frank Black: "Headache"
- The Offspring: "Come Out and Play (Keep 'em Separated)"
- Fuzzy: "Flashlight"
- Stereolab: "Ping Pong"
- Veruca Salt: "Seether"
- G. Love and Special Sauce: "Baby's Got Sauce"

B — LADO B
DATA/HORA

- Archers of Loaf: "Freezing Point"
- Saint Etienne: "I Was Born on Christmas Day"
- Pavement: "Elevate Me Later"
- Sebadoh: "Rebound"
- Liz Phair: "Whip-Smart"
- Guided By Voices: "Gold Star for Robot Boy"
- Dinosaur Jr.: "I Don't Think So"
- Sugar: "Believe What You're Saying"
- Rollerskate Skinny: "Bow Hitch-Hiker"
- The Grifters: "Cinnamon"
- Sloan: "Coax Me"
- Weezer: "Undone (The Sweater Song)"
- The Wedding Present: "Yeah Yeah Yeah Yeah Yeah"
- Palace Brothers: "All Is Grace"

A *primavera de 1994* foi marcada por dois acontecimentos fundamentais na história do rock: a morte de Kurt Cobain e o nascimento da Zima. Caso você não se lembre – e se você em algum momento bebeu Zima, com certeza não se lembra –, era um licor de malte barato, de alto teor alcoólico, bem gaseificado, translúcido, forte e totalmente rançoso, vendido como uma cerveja "alternativa" hipster com um rótulo prateado e preto que brilhava no escuro. Deixe-me reiterar: era barata. Certa noite, Renée começou a vasculhar a cozinha em busca de algo para misturar à bebida e encontrou uma caixa com licores sortidos em miniatura – um presente intocado que ela ganhou num amigo secreto de um lugar onde trabalhara uns dois anos antes –, juntando pó no armário. Começou então a experimentar receitas para segurar o coice tóxico da Zima. Cointreau era sem graça demais. Frangelico tinha notas de castanha demais. Mas então, certa noite, num arroubo de inspiração que rivaliza com a energia criativa de Chuck Berry na noite em que ele decidiu misturar o country com o blues, Renée misturou Zima com um xarope roxo nauseantemente doce chamado Drambuie. Com um pouco de Drambuie, uma long neck de Zima virava um vidro violeta flamejante, uma garrafa que parecia poder ser acesa e arremessada num ônibus ou entornada, com efeitos igualmente destrutivos. Um Zima-e-Drambuie te derrubava de jeito; com dois, você derrubava terceiros de jeito. Era o coquetel de rock perfeito.

Esse se tornou o nosso drink de preferência por um verão longo, preguiçoso e febril, no qual Kurt estava morto, mas a promessa do rock seguia firme. O rádio tocava sucessos do Hole, do Green Day, do Weezer, do Sugar e do Veruca Salt. Eu buscava Renée no trabalho no Fashion Square Mall, depois íamos para casa, montávamos nosso pequeno e cambaleante *hibachi*[21] no quintal, grelhávamos salsichas, aumentávamos o volume do som, convidávamos uns amigos e começávamos a preparar as cápsulas de foguete de Zima-e-Drambuie. Até hoje, às vezes ainda vejo precisamente aquele tom de roxo – no abrigo de alguém que está fazendo cooper, numa bexiga de aniversário –, e isso sempre é gatilho para *flashbacks* que envolvam uma dor de cabeça latejante e o solo de cowbell de "Come Out and Play (Keep 'em Separated)", do Offspring.

---

[21] Pequeno fogão japonês a carvão. (N. do T.)

Renée gravou a fita *Como Consegui Este Look* para aquelas noites no quintal. O nome foi tirado de uma coluna de uma de suas revistas de moda preferidas, que trazia mensalmente os segredos das supermodelos. O lado A era intitulado "Batom de Chocolate Rosa" enquanto o lado B era "Laminação de Sobrancelhas e Cera Modeladora". O grande projeto dela naquele verão foi a guitarra. Com duas de suas amigas *indies*, Katherine e Cindy, ela montou um grupo chamado Flirtation Device. Assim como todas as bandas de garotas, elas passavam o tempo todo pensando em nomes legais para bandas, títulos legais para músicas e ideias legais para combinar figurinos, e só de vez em quando tentavam tocar músicas de fato. Quando Cindy e Katherine brigaram feio por causa de um c-a-r-a (o que mais seria?), a banda já era – mas as músicas nessa fita ainda são ótimas, especialmente com um Zima-e-Drambuie ou dois para incrementar.

Naquele verão, nossa cidade finalmente ganhou uma casa de indie rock. O Tokyo Rose, o restaurante japonês local, começou a receber shows no porão. Ficava numa galeria no número 250 da East, entre a lavanderia e a Pizza Hut. Nosso amigo Darius convenceu o dono, Atsushi, a deixá-lo cuidar da agenda de bandas. O porão não era grande, mas era simpático, com tinta azul nas paredes e sofás nos quais você podia dormir se a banda fosse uma merda. Numa noite boa, Atsushi fechava o restaurante, descia com o violão e tocava suas baladas japonesas autorais. Ele também cantava algumas músicas em inglês, como "I Hate Charlottesville", que sempre terminava numa grande cantoria. Ao fim da noite, ele se despedia de todo mundo com "Crying", do Roy Orbison, cantada num falsete que era wasabi para os nossos corações.

Nesse período, Renée abandonou o balcão de maquiagem para passar mais tempo escrevendo sobre música e arrumou outro emprego, na nossa loja de discos favorita, a Plan 9. Como agora ela não precisava mais usar uniforme para trabalhar, todos os dias eram um desfile de moda. Ela ficou mais inspirada do que nunca para costurar, tendo feito seus primeiros zíperes naquele verão, embora tenha demorado alguns meses para dominá-los de verdade. Repousava seu Zima-e-Drambuie no parapeito da janela e se concentrava nos tecidos por horas a fio. Foi até L.A. para escrever uma matéria de capa para a *Spin* sobre a banda L7, e, quando voltou, tinha aprendido todos os truques de maquiagem delas. Renée também teve aulas de guitarra com um moreno de nome Mark. Ele era gato; caso contrário, não seria convidado a dar aulas de guitarra para ela, já que gostava de umas *jam bands* horríveis. Tocava baixo numa banda cover do Phish chamada David Bowie. Porém, era gato. Ela fazia pizza, ele lhe ensinava canções dos Beatles e depois pedia dicas sobre garotas. Renée o aconselhou até ele conseguir uma namorada, e aí então ele não veio mais em casa, pois sua garota não aprovava que ele andasse com uma mulher casada.

A grande crise naquele verão veio quando a luz foi cortada por duas semanas. Voltamos de uma viagem de carro e descobrimos que os vizinhos do andar de cima tinham evadido a conta de luz do estado da Virgínia. O telefone estava mudo e a maior parte da comida na geladeira havia estragado. Não tínhamos água quente. Não tínhamos o dinheiro para quitar a dívida e ter a energia de volta, sequer sabíamos *quando* teríamos esse dinheiro. Eu nunca poderia imaginar aquilo acontecendo, porém, o fato de eu não poder proteger Renée disso me deixou *maluco*. Como é que algo *estúpido* assim podia simplesmente ocorrer? Por que eu não podia fazer nada? Eu já me sentira impotente várias vezes, mesmo na vida adulta, mas se sentir impotente como marido era diferente de tudo o que eu já havia sentido na vida. Era apenas um perrengue temporário, mas fez eu me dar conta de quantas vezes mais esse tipo de coisa aconteceria. Eu teria de me acostumar a me sentir impotente se continuasse a ser um marido. E ser um marido me tornava impotente, pois eu tinha alguém a quem proteger (alguém um pouco tensa, que passava por maus bocados emocionais com coisas como ficar sem luz indefinidamente). Cara, eu achava duro não ter dinheiro quando era solteiro, mas estar duro enquanto marido não está nem na mesma categoria.

Por duas semanas, passei noites acordado rezando a ave-maria repetidas vezes, para evitar que meu coração batesse rápido demais. De repente, percebi o quanto ser um marido tinha a ver com medo: medo de não ser capaz de manter alguém seguro, de não ser capaz de proteger alguém de coisas ruins das quais você quer protegê-la. Saber que ela tem mais lágrimas do que você conseguiria evitar que ela derramasse. Dei-me conta de que Renée tinha me visto fracassar e que ela era a pessoa diante da qual eu fracassaria pelo resto da vida. Era só um fracasso pequeno, mas prometia outros maiores pelo caminho. Fracassos a mais, pelo menos. Porém essa é sua esposa, a pessoa diante da qual você fracassa. O amor é muito confuso: não há paz de espírito.

Naquela época, íamos todas as manhãs até o Bodo's Bagels e dividíamos um lanche de três queijos. Sempre estava tocando uma mixtape com músicas dos Rolling Stones lá, coisa que eu achava imensamente reconfortante. A primeira era "Sittin' on a Fence", balada acústica na qual Mick e Keith cantam sobre como as pessoas são estúpidas por se apaixonarem e se assentarem. Eu me maravilhava com o quão suaves eram suas vozes, dois garotos *mod* durões e bonitões, cantando em harmonia com muita confiança sobre como aqueles que ficam juntos são otários e rindo dessas pessoas. E eles estão certos – o que poderia ser mais assustador e estúpido do que ficar junto? De que outra maneira você poderia garantir totalmente que sempre teria motivos para ficar apavorado? "Sittin' on a Fence", essa era a vida para Mick e Keith. (O mais louco é que Mick e Keith são hipócritas totais – são um casal há mais tempo do que os meus pais estão casados. Se Keith realmente acreditasse em "Sittin' on a Fence", ele seria Jeff Beck, que nunca fica preso numa situação que não controla e não fez um disco decente desde que saiu dos Yardbirds.)

Eu ainda segurava as pontas na pós-graduação, mas as perspectivas não eram boas. O mercado acadêmico tinha estourado e deixado toda a minha geração perdida. Fracassei no meu dever de tirar Renée de Charlottesville. Ela cometera um erro ao confiar em mim. Consegui uma entrevista de emprego na University of Southern Mississippi: professor adjunto, quatro disciplinas por semestre, por menos dinheiro do que nós ganhávamos escrevendo resenhas de discos, no mesmo tipo de cidade universitária em que morávamos agora, só que numa em que não conhecíamos uma alma sequer. Era uma oportunidade triste, o equivalente acadêmico de ir trabalhar num fast-food, mas era a nossa melhor chance. Não consegui o emprego e fiquei deprimido.

Não quis conversar sobre isso.

"A negação não é o ato de um amigo", disse ela. "Você deve me deixar tirar a água do poço."

"Não me vem com esse papo de mafioso."

"Você não queria esse emprego mesmo. Eu te seguiria para qualquer lugar, meu bem, mas não estava exatamente sonhando com Hattiesburg, Mississippi. Você não precisa me prometer nada."

"Um dia vamos sair desta cidade."

"Gostamos daqui. Temos um ao outro."

"Um dia."

"Eu cresci ouvindo country no rádio. Você sabe que eu não resisto a essa baboseira de 'não temos dinheiro, mas temos amor'."

"Um dia", eu disse.

"Calma", disse ela. "Não precisamos fazer afirmações como se fôssemos advogados."

Kurt Cobain pairava sobre tudo naquele verão. É difícil explicar, então permita-me rebobinar até o dia em que encontraram o corpo dele. A data de 8 de abril foi uma sexta-feira do fim de semana em que os pós-graduandos do departamento de Inglês realizaram nossa própria conferência, intitulada "En/Cruz/Ilhadas e (Re) Mapeamentos" ou alguma coisa assim, ao melhor estilo de Judy Garland/Mickey Rooney: "Ei, meninada, vamos dar um show!". Nossos amigos Ivan e Sarah vieram da Brown para ler um artigo sobre o Zizek. Enquanto isso, assistíamos à cobertura do suicídio de Cobain na MTV. Não paravam de passar o *Unplugged*.

Durante aquela primeira semana de abril, os ânimos estavam elevados e os hormônios em plena fúria. Charlottesville teve uma carga particularmente enorme de pólen naquela primavera, e todos os dias eu voltava do trabalho a pé para casa, chutando montes de pólen por aí. Ele era viçoso e verde, tão verde, que me deixava um pouco enjoado de respirar fundo. Todo mundo estava animado para se divertir naquele fim de semana. O esquisito é que, *sim*, nós nos divertimos. Todo mundo foi para as festas, recebeu amigos de fora da cidade, bebeu muito, fofocou sobre Kurt. Ninguém ficou surpreso, então ninguém ficou deprimido. As pessoas faziam piada, até mesmo aquelas que o adoravam. Improvisamos uma letra nova para a cantiga fúnebre de Nick Lowe "Marie Provost" (*"He was our Brando/ He hung out with Evan Dando"*[22]). Renée filou cigarros e pôs Drambuie nas garrafas de Zima do pessoal. As notícias eram passadas de maneira jovial. Você ouviu que o cara que achou o corpo ligou para a estação de rádio antes de ligar pra polícia? Você ouviu que ele deixou uma carta? Renée e nossa amiga Gina cantaram "Kurt Cobain" na melodia de "You're So Vain". Para gente que curtia música, o que significava quase todo mundo que estava ali naquele fim de semana, o Kurt Cobain que enfim bateu as botas foi a celebridade, em vez do cara que havia escrito todas as suas músicas e as cantado – o músico. A celebridade estava morta. O cara que cantou no *MTV Unplugged* era um pouco mais difícil de enterrar.

---

[22] "Ele foi o nosso Brando/ Ele andava com o Evan Dando."

Havia de ser a morte menos surpreendente do rock de todos os tempos. Kurt vinha ameaçando cometer suicídio em tantas ocasiões que já era uma partida de *Detetive* com os fãs. Em Roma, com os comprimidos? Não, em Seattle, com a espingarda. O *Saturday Night Live* já estava fazendo piadas como "Kurt Cobain quase alcançou o nirvana esta semana". Ele havia posado com armas para mais fotos do que o jornal tinha espaço para publicar. A internet mal existia, até onde eu sei, mas já fervilhava com um fluxo constante de rumores sobre a morte de Kurt. Quando a notícia chegou, na sexta-feira, foi tipo, OK, uau, é a última vez que recebemos essa notícia.

Muitos dos nossos amigos relataram reações parecidas – um deles, que conhecia Kurt, ficou horrorizado ao ouvir todo mundo fazendo piadas em questão de minutos depois de terem encontrado o corpo ("então os mortos usam xadrez mesmo"). Talvez as pessoas tenham ficado aliviadas ou talvez estivessem extravasando a raiva por ele tê-las abandonado. Só sei que foi muito esquisito o fato de Kurt ter aparentemente providenciado o assunto para um fim de semana tão intenso, do qual sempre me lembro e sempre me lembrarei. O pólen tornava o ar doce. Todo mundo estava bonito. Os visitantes do Norte ainda não tinham provado o clima mais quente. Meus amigos de Boston, Ivan e Sarah, não conheciam meus amigos de Charlottesville, então pude exibi-los. O verão inteiro seria ótimo assim, exatamente assim. No domingo, exaustos, mas nem perto da ressaca, mesmo após uma noite dormindo no chão da cozinha, nós quatro não achávamos mais nada de Kurt na TV, então assistimos a *O Príncipe Guerreiro*.

A morte da celebridade foi um arroubo temporário de empolgação. Porém, o músico morto não foi embora, pelo menos não para mim. Minha música favorita do Nirvana era "Heart-Shaped Box", que ouvi pela primeira vez no nosso velho Chrysler, parado no sinal vermelho entre a Cherry Avenue e os trilhos do trem, a caminho de buscar Renée no trabalho, exatamente quando o sol estava se pondo. Assim que a peguei, comecei a tentar descrever a música que acabara de ouvir, como ela soava, e, depois que desisti, frustrado, nos entreolhamos e dirigimos direto para a loja de discos no Seminole Shopping Center. (Nota: a "loja de discos" era uma estratégia de varejo popular nos anos 90, um local aonde as pessoas "iam" para "comprar" "música".) Ouvimos *In Utero* a noite inteira. Renée insistia que a melodia de "Heart-Shaped Box" tinha sido copiada diretamente do Blondie e cantava "*Hey, wait, I'm Frances Bean Cobain*".

Gostei muito mais de *In Utero* do que de *Nevermind*, porque Kurt agora cantava sobre ser um marido, o que era, ao mesmo tempo, *gauche* e assustador. Isso me pegou. Cantar sobre drogas e desespero – tranquilo. Cantar sobre lítio – brincadeira de criança. Já "Heart-Shaped Box" era sobre o medo de ter alguém nas mãos a quem você se recusa a largar, e isso era muito novo para mim. Fiquei apavorado por ouvir alguém da minha idade cantando sobre isso. No *rádio*.

A música do *Unplugged* me incomodou muito. Ao contrário do que as pessoas diziam na época, ele não parecia morto ou prestes a morrer, nem nada disso. Até onde eu sei, a voz dele estava não só viva como ansiosa para permanecer assim. E ele tinha o aspecto de alguém casado. Casado e enterrado, exatamente como ele mesmo diz. As pessoas gostavam de afirmar que suas canções eram todas sobre as pressões da fama, mas acho que elas só não estavam mais acostumadas a ouvir *rock stars* cantarem canções de amor, nem mesmo canções de amor tão descaradas como "All Apologies" ou "Heart-Shaped Box". E, por todo o *Unplugged*, ele canta sobre o tipo de amor do qual você não consegue sair antes de morrer. Quanto mais ele cantava sobre isso, mais sua voz me aborrecia. Ele me fez pensar sobre morte e casamento e sobre muitas coisas nas quais eu não queria pensar de jeito nenhum. Eu teria jogado essa música para o fundo da minha mente de bom grado, colocado uns móveis na frente dela para que não a visse, esperando 30 ou 40 anos até que ela apodrecesse e não estivesse mais ali para me assustar. O cara casado era muito mais perturbador para mim do que o *junkie* morto.

No *Unplugged*, Kurt começa com um casamento ("*I doooo*") e passa o resto do show vivendo essa promessa, cravando as presas numa amante que se casou com ele e o enterrou. Está aprisionado dentro da caixa em forma de coração. Ela é alguém que ele nunca vai largar, alguém cujo câncer ele comeria para mantê-la viva, alguém que ele nunca vai abandonar, não importa o quão tóxica ela se torne. Essa mulher pode se chamar Mary, como em "All Apologies", ou pode se chamar Anna Maria, como em "Come As You Are"[23]. Ou pode até se chamar Courtney. De um jeito ou de outro, ele está preso a ela. Não pode se soltar. Até que a morte os separe.

Um deles irá morrer primeiro, depois o outro. Eles não sabem quem irá na frente, e isso não importa. No fim, vocês dois estão mortos e finalmente serão um só, ao sol, e então acabou. Vocês estão casados e enterrados, e nunca mais ninguém vai vê-los. Para *onde* vão as pessoas más quando morrem?

O show termina com outra balada de casamento assustadora, "Where Did You Sleep Last Night", canção sobre uma mulher com um marido morto. Talvez ela o tenha matado, talvez não – não sabemos. Mas ela não consegue mais dormir no leito conjugal. Kurt não tem onde descansar, então passa a noite toda acordado e tremendo. Há apenas uma hora, ele estava cantando "About a Girl", um noivo repetindo "*I do*" ("sim") sem parar. Porém, ei-lo aqui sozinho, na floresta, onde o sol nunca brilha.

Quando você se casa, espera morrer antes de seu cônjuge. (Será? Será que as pessoas desejam isso conscientemente? Se desejam, admitem? Al

---

[23] Aqui, o autor muito provavelmente brinca com a sonoridade de "married" e "Mary" (em "All Apologies") e de "memory" e "Anna Maria" (em "Come As You Are"). (N. do T.)

Green canta sobre isso em "Mimi", dizendo à garota que é melhor que ele morra antes dela, porque ele não suportaria o contrário; as pessoas falam assim na vida real?) Eu tinha essa esperança, mas certamente nunca falei nada, porque imaginava que Renée pensava da mesma forma. Acho que é uma aposta de longo prazo. Quando você se casa, faz um plano para morrer, de certa maneira. Esses pensamentos provavelmente sempre estiveram em algum lugar da minha mente. Mas eu não gostava da forma como o Nirvana me fazia ruminar sobre eles. Eu esperava que fossem embora. Nem contei a Renée como o *Unplugged* do Nirvana sempre foi uma experiência intensa para mim – eu achava que isso pioraria as coisas, então fiquei de bico calado. Tentei ficar em cima do muro, como Mick e Keith. Não deu muito certo.

Quanto mais tempo Kurt seguia morto, mais eu sentia falta dele. Foi um dos pouquíssimos cantores da minha idade que cantavam sobre amor e casamento. Notorious B.I.G. era o único outro de sua estatura. Kurt e Biggie eram os astros da minha idade que tinham as mesmas preocupações que eu, ambos em casamentos fodidos, mas mesmo assim escreviam canções sobre eles que pareciam reais. Os dois me davam o tipo de pílulas de sabedoria que eu recebia de irmãos mais velhos honorários como Al Green, John Doe e Lou Reed. Cantavam sobre pensamentos mórbidos, sobre se sentir prontos para morrer, porém, pelo menos da maneira como eu ouvia suas vozes, estavam lutando para se manter vivos. Talvez eu esteja errado. Eu *definitivamente* estou errado; ambos se foram.

Porém, quando ouço Kurt, ele não está pronto para morrer, pelo menos não na música – o menino no *Unplugged* não soa o mesmo que o homem que desistiu dele. É como um garoto que ele soa, transformando sua dor privada num noticiário adolescente. Vem adiante como fã de Bowie, afundado até o pescoço em culpa católica, um Major Tom tentando colocar seu *Low* e seu *Pin Ups* num mesmo álbum, mesclando favoritas antigas com suas próprias confissões folk. Ouço um garoto desgrenhado e desleixado com um violão tentando cantar a própria vida. Ouço um Jesus *superstar* adolescente no rádio com uma canção sobre um raio de sol, uma canção sobre uma garota, enrubescido pelo romance do punk rock. Ouço o ruído em sua voz e ouço um garoto tentando espantar a escuridão. Queria poder ouvir o que acontece em seguida, mas nada aconteceu.

52 GAROTAS NO FILME

MAIO DE 1995

A NÓS SOMOS AS GAROTAS DOS EUA

- Adam Ant: "Strip"
- Human League: "The Things That Dreams Are Made Of"
- The B-52s: "52 Girls"
- Yaz: "Situation"
- Orchestral Manoeuvres in the Dark: "Enola Gay"
- Thompson Twins: "Hold Me Now"
- Duran Duran: "Girls on Film"
- Depeche Mode: "Just Can't Get Enough"
- Ray Parker Jr.: "(I Still Can't Get Over) Loving You"
- Haircut 100: "Love Plus One"
- Bow Wow Wow: "I Want Candy"
- The Waitresses: "I Know What Boys Like"
- Vanity 6: "Nasty Girl"

B SOMOS OS DÂNDIS ESTRADEIROS

- Bow Wow Wow: "C30, C60, C90, Go!"
- Adam and the Ants: "Stand and Deliver"
- The B-52's: "Legal Tender"
- Prince: "Delirious"
- Eurythmics: "Sex Crime (1984)"
- ABC: "Be Near Me"
- Mecano: "Me Cole En Una Fiesta"
- Peter Godwin: "Images of Heaven"
- Peter Schilling: "Major Tom (Coming Home)"
- November Group: "The Popular Front"
- Dead or Alive: "You Spin Me Round (Like a Record)"
- The Comsat Angels: "Will You Stay Tonight?"
- Kim Wilde: "Tuning In Turning On"
- Haysi Fantayzee: "Shiny Shiny"
- Dominatrix: "The Dominatrix Sleeps Tonight"
- Indeep: "Last Night a DJ Saved My Life"

S*empre que tenho um crush por uma mulher,* surge a mesma fantasia: nos imagino como uma dupla de synthpop. Não importa quem ela seja ou como nos conhecemos, a fantasia da dupla de synthpop tem de funcionar, caso contrário, a paixão evapora. Tenho um monte de outras fantasias musicais com as minhas *crushes* – nos vejo como uma dupla country harmonizando à Gram Parsons e Emmylou Harris, ou como guitarristas numa banda de rock, trocando versos como Mick e Keith. Mas sempre volto para a dupla de synthpop. A garota está à frente, rodando a saia, balançando o cabelo, uma espoleta atrevida. Sou o cara que fica no fundo, escondido atrás do meu teclado Roland JP8000. Ela tem toda a coragem e poder de estrela que me faltam. Canta o nosso hit porque eu nunca ousaria subir no palco e cantá-lo. Ela mexe com a plateia enquanto eu espreito nas sombras, derramando todo o meu amor azul-computador sobre ela, apertando os botões que a banham em deleite *disco* sob o holofote. Eu faço dela uma estrela.

Sempre me empolgo com essas fantasias synthpop. É divertido pensar nos nomes desses grupos. Hoje em dia, moro a alguns quarteirões de uma loja chamada Metropolitan Floors, que acho que é o melhor nome de dupla synthpop de todos os tempos. Quero fazer parte de uma banda chamada Metropolitan Floors. (Nunca "The" – duplas synthpop de verdade nunca têm um "The" no nome.) Segundo a propaganda, "somos mais do que apenas pisos!". Eu cheguei a entrar na Metropolitan Floors uma vez para dar uma olhada, até que o vendedor começou a me perguntar que tipo de carpete eu queria e se eu planejava instalá-lo por conta própria. Fui incapaz de blefar, já que "quero construir uns sintetizadores de 1982 e aprender a tocá-los e atrair uma garota para ser minha vocalista, para então podermos sair em turnês mundiais, fazer as pessoas dançarem e fingir que somos alemães" não parecia plausível. Só peguei o cartão de visita dele e prometi que ligaria no dia seguinte.

Eu *sempre* imaginei Renée e eu como uma dupla de synthpop. Nunca contei isso a ela. Nos meus sonhos, ela jogava seus cachos ruivos tingidos e ficava imponente de saltos plataforma caros. Tínhamos muitos nomes de banda: Multiplex. Metroform. Angela Dust. Unpleasant Pleasures. Schiaffiano. Criminally Vulva. Indulgence. Appliancenter. Ela nunca soube de nada disso.

O esquisito é que nunca me imaginei como um *rock star* solo. Sempre sonhei com uma garota new wave à frente, para ser desinibida, audaciosa e atrevida, para encarar o fogo, me ensinar seus truques, me ensinar a ser corajoso como ela. Eu precisava de alguém com uma inteligência mais ágil do que a minha. A garota new wave era ousada e luminosa. Ela me abrigaria sob suas asas e me ensinaria a me juntar à raça humana, como o Bananarama fez com seu "Shy Boy". Ela me pegaria, me sacudiria e me viraria do avesso, me transformaria em algo novo. Ela me rodaria de jeito, como um disco.

Era um sonho delirante – eu nunca soube tocar nenhum instrumento, nem mesmo um teclado simples. Ao longo de todos os anos que brinquei com teclados, tudo o que aprendi foi "Way Down Upon the Swanee River" e, até esta, só conseguia tocar a melodia com números indicativos (3-2-1, 3-2-1, 8-6-8, 5-3-1-2, obrigado, boa noite). Operar sintetizadores e sequenciadores estava além do meu conjunto de habilidades. Porém, quando eu deslizava para o meu mundo de fantasia, era mais corajoso e consistente do que em qualquer faceta da minha vida real. Eu passava de vermelho-cereja para azul-noite, *sixteen blue* e *blue blue electric blue*[24]. Assim, devaneava nomes, roupas e *set lists* para essa banda. Escolhia as músicas e fazia fitas dos nossos maiores sucessos. O nome do grupo tinha uma ou duas palavras. Já o título do álbum era uma sentença completa e pomposa, como *I've Been Undressed by Kings* ou *I Cannot See What Flowers Are at My Feet*. (Até havia duplas de synthpop cujos *nomes* eram sentenças completas, como Johnny Hates Jazz, Swing Out Sister ou Curiosity Killed the Cat, mas aí era forçar demais.) E, é claro, escolhia uma vocalista new wave. Esse era todo o sentido.

A dupla synthpop de garoto e garota é a minha formação favorita de banda. O Yaz era a definitiva. Depois que Vince Clarke saiu do Depeche

---

[24] Respectivamente, citações à canção "Sixteen Blue", dos Replacements, e ao verso "blue, blue, electric blue", de "Sound and Vision", de David Bowie. (N. do T.)

Mode, encontrou uma nova vocalista, Alison Moyet, que soava como *uma pessoa de verdade* – uma novidade e tanto, se tratando de new wave. Eles deixaram claro nos créditos de *Upstairs at Eric's*: "Alison Moyet – voz e piano. Vince Clarke – ruídos". Intitularam um de seus discos de *You and Me Both* – dois jovens enganando o mundo juntos, um garoto que precisava de um toque humano e uma garota que precisava de um capanga cerebroelétrico. Eram um par estranho: Vince, tenso e introvertido; Alison, barulhenta e rude. Reza a lenda que eles se odiavam na vida real. Porém era divertido imaginar que, uma noite, Alison estendeu uma mão e sujou a bochecha de Vince com um pouco de glitter, de forma que ele nunca mais foi o mesmo. Era possível ouvir nas músicas, não? Eu conseguia. E eu escutava aqueles discos e pensava: "Bem, se poderia acontecer com ele, há esperança para todos nós. Agora ela está no controle, ela é sua amante. Nações se levantarão contra eles, mas ele é seu irmão. Ela vai chegar até você, de alguma forma".

Havia um monte de *hitmakers* new wave que seguiam a mesma fórmula. O Eurythmics era mais famoso que o Yaz, mas não tão bom (embora eu adorasse "Who's That Girl?" e "Sexcrime (1984)"). O St. Etienne era uma garota e dois caras. O Blondie tinha Debbie Harry e Chris Stein. Nena tinha um garoto, acho. O Divinyls se encaixava no formato, ainda que o cara, tecnicamente, tocasse guitarra. O Pet Shop Boys funcionava maravilhosamente bem quando tinha uma cantora new wave à frente, como Dusty Springfield ("What Have I Done to Deserve This?"), Patsy Kensit ("I'm Not Scared") ou Liza Minnelli ("Losing My Mind"). É a formação de banda perfeita: você pega elementos simples – um garoto, uma garota – e os usa para configurar toda uma gama de identidades sexuais perigosamente móveis e perigosamente musicais.

A cantora *fala sério*. Ela *curte*. Ela não veio pelos petiscos. Onde quer que apareça – Uma canção? Eu? Bem, se você insiste – e antes que alguém possa chamar a segurança, ela está dançando em cima de uma mesa. Quer ouvir um "amém", e ouve. Tantos améns, tão pouco tempo. A cantora gosta de mexer as mãos enquanto canta, com os dedos espirituosos ou só levantando a palma aberta para dizer não-não-posso-continuar. Renée me explicou que isso vem das igrejas batistas sulistas. Quando você vai à igreja, ergue as mãos. Significa que está testemunhando; está sob julgamento. A garota new wave ergue a mão porque está testemunhando o espírito que sente, mas aprendeu esse movimento com outras cantoras pop, não na igreja. Dusty Springfield sempre levantou a mão ao cantar. Segundo a lenda, ela não conseguia decorar as letras, então as escrevia na parte interna do braço. Eu adoro essa história, Dusty levantando o braço para ler a cola das letras. John Lennon também não conseguia decorar letras. Porém, é típico do brilhantismo de Dusty que ela tenha transformado esse segredinho num floreio exuberante.

Dificilmente as duplas *synth-poppers* davam certo como casais românticos funcionais. A única em que consigo pensar são os Thompson Twins, e eles preferiram manter isso em segredo – provavelmente não contaram nem para o outro cara dos Thompson Twins. Porém a fantasia está ali, na música, de qualquer forma. A realidade da vida de casal se torna dura, mas, na minha fantasia, a música mantém garoto e garota juntos. Mesmo quando sabemos que as pessoas dessas bandas se odeiam na vida real, ouvimos algo diferente.

O Human League, por exemplo. Todo mundo conhece "Don't You Want Me". Todo mundo adora essa música. Ninguém ia se lembrar dela se não fosse a garota que canta a segunda estrofe. É um dos vocais mais desajeitados a conseguir se esgueirar para o Top 40, uma voz comum, uma garota que tem de ser livre e não tem nenhum motivo especial para dar, nada inteligente para dizer. Está só recitando sua parte e nem está tirando prazer disso. Parte do deleite do Human League é Phil Oakey exagerando no melodrama vocal – *"dooon't! don't you waaant me!"* – *versus* o tédio amalucado das garotas da banda. Elas cantam "(Keep Feeling) Fascination" e não conseguem manter uma cara séria. No clipe, Phil está se pavoneando, seduzindo a câmera, enquanto as garotas balançam as mãos, cruzam olhares e sabem que garotos adolescentes americanos estão observando com atenção para vê-las de língua para fora ao pronunciar a letra "L" em "*love so strong*". Eu sei que eu esperava por esse momento toda vez.

Há um clichê no pop que diz que a parceria ideal numa banda é entre o cara que vive e o cara que escreve. Como nos Stones: Keith Richards usava todas as drogas, violava todas as leis e era preso em todos os quartos de hotel, servindo de material bruto para inspirar Mick Jagger, que escreveu algumas de suas melhores canções sobre o quão fodido Keith era. Ou nos Beach Boys: Dennis Wilson ia surfar, pilotar carros envenenados, caçar garotas e cair na farra, enquanto Brian Wilson ficava no quarto compondo canções sobre a diversão que ele imaginava que Dennis vivia. (Na verdade, ambos eram bem tristes.) Brian Wilson nunca surfou na vida, mas Dennis nunca poderia ter escrito "I Get Around". Pense em Johnny Thunders e David Johansen, Liam e Noel Gallagher, Bob Stinson e Paul Westerberg, Elton John e Bernie Taupin, Ray e Dave Davies, David Lee Roth e Eddie Van Halen. Numa dupla de synthpop, essa dinâmica está bem à frente. Um parceiro se esconde atrás de uma coleção de sintetizadores e observa a artista tomar o palco. Um *é* voz, celebridade, performance; o outro *é* música.

A garota new wave sabe do que são feitos os sonhos pop. Ela sabe que Debbie Harry estava apenas brincando quando cantou que "sonhar é grátis". Sabe que os sonhos são algo que você tem de roubar. A garota new wave surrupia as identidades de outras pessoas, misturando-as e combinando até criar um estilo próprio, ciente de que nada pertence a ela, que ela só pode usar esse estilo até que outra pessoa apareça, com dedos mais rápidos, e o furte também. Ela sabe que sonhos pop são um rebuliço, uma enganação, um "glamour" no sentido de bruxaria da palavra. Ela sabe como blefar e como aplicar golpes. Ela canta sobre falsificação, furto, pirataria, gravações caseiras. Está no corre – você roubou, é seu, é moeda de curso forçado. A garota new wave sabe de tudo isso, por isso ela é perigosa. O garoto new wave sabe o quão perigosa ela é – e é por isso que ele fica atrás dela.

O garoto e a garota, juntos em sonhos elétricos.

SENTIMENTO LOUCO

ABRIL DE 1997

A LADO A
DATA/HORA

- Sleater-Kinney: "One More Hour"
- David Bowie: "DJ"
- Bob Dylan: "If You Gotta Go, Go Now"
- Lou Reed: "Crazy Feeling"
- Lois: "Capital A"
- Roky Erickson: "You Don't Love Me Yet"
- Sleater-Kinney: "Little Babies"
- Leadbelly: "Rock Island Line"
- The Softies: "Excellent"
- The Softies: "The Best Days"
- Morrissey: "Interesting Drug"
- Lois featuring Elliott Smith: "Rougher"
- Rolling Stones: "Dontcha Bother Me"
- The Blow Monkeys: "Digging Your Scene"
- Yo La Tengo: "Green Arrow"

B LADO B
DATA/HORA

- Peter Green's Fleetwood Mac: "Albatross", "Looking for Somebody", "Like Crying", "Man of the World"
- Bruce Springsteen: "Nebraska"
- Lou Reed: "A Gift"
- Yo La Tengo: "The Lie and How We Told It"
- Steely Dan: "Barrytown"
- Bob Dylan: "Highway 61 Revisited"
- Lou Reed: "Ooohhh Baby"
- The Byrds: "You Won't Have to Cry"
- Bob Dylan: "Tell Me Mama"
- Lou Reed: "Coney Island Baby"

O *dia 11 de maio de 1997 foi um domingo preguiçoso*. Renée e eu ficamos o fim de semana inteiro curtindo o sol novo do verão, lendo e ouvindo música. Passamos a noite de sábado em casa, só nós dois. Ela me mandou para a livraria e a loja de tecido com suas respectivas listas. Assim que cheguei em casa com as compras – revistas de moda, revistas de rock, romances de Annie Proulx e Claire Messud –, sentamo-nos no sofá para comer *delivery* indiano e assistir a um filme antigo e terrível com Joan Collins e Richard Burton na AMC, chamado *A Intocável*. Joan e Richard estão presos num bote com outros dois caras após o navio deles afundar. Richard é o único que sabe que Joan é secretamente uma freira, mas ela o fez prometer não contar aos demais, já que a esperança de dormirem com ela era a única coisa que os mantinha vivos.

Renée me incumbiu de ser o DJ enquanto ela se sentava à mesa de costura. Ficamos acordados até tarde ouvindo CDs, em sua maioria velhos favoritos: *Murmur* e *Reckoning*, do R.E.M.; *Exile in Guyville*, da Liz Phair; *Let It Be*, dos Replacements; e *Only Life*, *Marshall Crenshaw*, dos Feelies. Lembro-me da playlist porque deixei a pilha de CDs intocada em cima do aparelho de som por semanas a fio depois. Ouvimos "Wild and Blue", do Freakwater; "Just Like Me", de Paul Revere and the Raiders; "Halloween", do Dream Syndicate; *Amplified Heart*, do Everything But the Girl; o *Greatest Hits* do Buddy Holly; "Shake You Down", do Gregory Abbott; e "How Bizarre", do OMC. O CD no topo da pilha era o último que ouvimos, *Sleep Warm*, de Dean Martin, que ficou no play contínuo quando pegamos no sono.

Aquele 11 de maio era Dia das Mães, então deixamos mensagens nas secretárias eletrônicas das nossas mães. Renée costurou mais um pouco, escutando os Baltimore Orioles jogarem contra os Seattle Mariners na TV. Joey Cora, seu Mariner favorito, estava num bom dia. Eu preparava o almoço para Renée na cozinha – torrada com canela e café. Renée se levantou, deu um passo e, de repente, caiu sobre a cadeira ao lado da mesa. Corri até ela. Segurei-a nos braços e tentei falar com ela. Peguei o telefone com a mão direita e a apoiei de pé com o braço esquerdo.

"É importante que você fique calmo", disse o operador da emergência.

Posteriormente, o legista me disse que a morte dela foi instantânea, que embolias pulmonares matam em menos de um minuto, mesmo se tivesse acontecido num hospital, os médicos seriam incapazes de salvá-la.

Mas eu ainda a segurava, tentando fazer respiração boca a boca enquanto o operador me dava instruções pelo telefone. Quando a ambulância chegou, os paramédicos entraram na sala e um dos policiais me levou para fora. Quando ele me fez perguntas a respeito de Renée, imaginei que estivesse colhendo informações para o hospital. Tive medo de que ela fosse ter sequelas por privação de oxigênio. O policial e eu estávamos encostados na viatura, na Highland Avenue. A cada um minuto, mais ou menos, nosso vizinho espiava pela cerca. Uma das paramédicas saiu para falar comigo. "Vamos levá-la para Richmond para a autópsia", disse ela. "É o procedimento-padrão quando alguém morre tão jovem."

Foi o primeiro momento em que alguém falou alguma coisa sobre Renée ter morrido. Muito tempo pareceu se passar até que ouvi minha própria voz estúpida perguntar: "Ela morreu?". O sol batia nas folhas no quintal ao lado. O ar-condicionado do vizinho de cima estava bem acima da minha cabeça, pingando, pingando, pingando. A paramédica falou alguma coisa sobre Deus, mas só estava tentando ser bondosa. "Talvez tenha sido um infarto", disse; era cedo demais para saber. Eu tinha certeza de que eles encontrariam algo em Richmond que não haviam encontrado aqui. E sabia que trariam Renée de volta mais tarde ainda naquele dia.

Os policiais foram extremamente empáticos. Eram maridos jovens e assustados, como eu. Só iriam embora depois que eu ligasse para alguém vir ficar comigo. Porém eu não queria ligar para ninguém, pois não queria ligar de novo mais tarde para me desculpar pelo alarme falso; é claro que Renée voltaria. Deixei os policiais ligarem para a St. Thomas, e a igreja mandou um jovem padre imediatamente. Renée e eu o conhecíamos como o cara que havia mencionado o Primitive Radio Gods num sermão, o que, na época, parecia um jeito estranho para um jovem padre tentar ser descolado. Ele chegou de camisa polo e calça cáqui, tinha acabado de tomar banho e parecia incomodado de estar ali. Tentei conversar, mas ele não tinha nada a dizer, sequer alguma abobrinha sobre Deus. Perguntei se ele podia dar a extrema-unção a Renée, e ele respondeu: "Podemos abençoar o corpo no funeral", como se eu fosse burro demais para saber a diferença. Felizmente, não foi difícil me livrar dele. Depois de alguns minutos, disse que estava tudo bem e ele acreditou. Eu precisava ficar sozinho.

Nossa sala de estar ficou do jeito como os paramédicos deixaram: o sofá foi empurrado contra a estante de livros e havia detritos médicos por todo o chão – tampinhas amarelas, envoltórios de seringas, agulhas, isopor para os cabos do ressuscitador. Fiquei grato pela sala estar tão bagunçada, porque era uma prova visível que algo ruim estava acontecendo, de que não se tratava apenas de um pesadelo. Liberei um pouco de espaço e me sentei no chão entre a mesa roxa de Renée e sua escrivaninha – onde seu corpo estivera – em posição fetal, com os joelhos para cima, segurando o telefone.

Fiquei ali sentado sozinho por horas. Não tenho certeza de quanto tempo se passou. Talvez fosse por volta das 16h, mais ou menos uma hora depois que Renée desmaiou. Renée (ao contrário de mim) tinha um caderno no qual anotava o telefone das pessoas, então comecei por ele. Todo mundo para quem liguei ficou surpreso por ouvir minha voz ao telefone no meio de uma tarde de domingo. "Tenho más notícias. Renée morreu", foi o que eu simplesmente disse a todos. Não havia outra forma de contar – ninguém a tinha visto doente, ninguém tinha a menor ideia de que ela estava prestes a morrer. Muitos dos amigos e familiares para quem liguei tinham falado com ela menos de dois dias antes. Era Dia das Mães, então tanto a minha mãe quanto a dela estavam esperando telefonemas felizes. O Pavement ia tocar em Nova York naquela noite, de modo que a maioria dos nossos amigos estava no show e eu não consegui falar com eles.

Eu não queria me levantar do chão porque queria estar ali quando Renée ligasse e dissesse que estava voltando para casa. As pessoas queriam vir, mas falei para elas que esperassem. Os pais dela, Buddy e Nadine, perguntaram se podiam vir me buscar, mas eu não queria sair de casa, já que não queria perder o telefonema de Richmond que explicaria que tudo havia sido um engano. Não suportava a ideia de sair da sala em que ela morrera; acho que eu devia saber que não conseguiria entrar nessa sala de novo.

O sol se pôs e a sala ficou escura. O telefonema de Richmond não veio. Não faço ideia de quanto tempo fiquei ali sentado. Por fim, nossa amiga Susan chegou, mesmo depois de eu implorar para que ela não viesse. Ao conversar cara a cara com ela, me dei conta de que dissera algo que nunca poderia ser desdito – Renée morreu –, e que, ao dizê-lo, tornava-o verdade. A mudança chegara. Era irreversível. Só saí da casa após as 22h ou 23h. Coloquei a beagle no carro e dirigi até o condado de Pulaski. Levei o telefone, apesar de ser fixo e totalmente inútil no carro. Pensei que, se o deixasse em casa, Renée talvez ligasse, tentando voltar para casa, e não conseguiria falar comigo, então eu a teria perdido para sempre.

Foi uma longa viagem, cerca de três horas. Só tentei ligar o rádio uma única vez, depois da curva que sai da Rota 646 para a via principal de Christiansburg, uma longa sequência de paradas de caminhão e postos de gasolina. O rádio tocava "American Pie", mas só consegui ouvir alguns segundos antes de ter de mudar de estação. Jerry Lee Lewis tocava na estação de clássicos. Ele ainda está vivo, pensei. Jerry Lee Lewis. Reagan também. O papa também. Desliguei o rádio e assim o deixei. Tanto a beagle quanto eu fazíamos muito barulho, uivando na nossa privacidade total. O letreiro na frente da Igreja Batista de Pulaski dizia: NENHUM HOMEM CUJA MÃE CONFIA EM DEUS É POBRE.

Os dias seguintes foram um borrão. Menos de 24 horas depois de estar preparando torrada com canela para Renée, eu me encontrava dirigindo pelo condado de Pulaski com os pais dela, à procura de jazigos. A vendedora usava um vestido azul e carregava sais aromáticos. Ela insistiu para que eu comprasse um jazigo para mim mesmo; acho que pensou que pareceria romântico. "Não, obrigado, hoje não", eu disse a ela. Ela abriu um sorrisinho. "Você é jovem agora. Daqui uns anos, vai mudar de ideia e o espaço já terá dono."

Encontramos um local para Renée à beira de uma colina, no Sunrise Burial Park, na Rota 11. Era melhor do que um terreno plano. Era possível ouvir o rugido da pista de corrida, a apenas uma saída da rodovia de distância.

Agora todo mundo sabia que era verdade. Eu detestava contar às pessoas, porque pensava que, mais tarde, teria de me desculpar por assustá-las desnecessariamente, mas, aos poucos, ficou óbvio que a má notícia não ia mudar. A família dela foi muito bondosa comigo, embora eu me sentisse culpado pela filha deles ter morrido sob meus cuidados. Os vizinhos trouxeram bandejas de biscoitos. Escolhi um caixão (eles te mostram um catálogo) e escrevi um obituário para o jornal de Roanoke. Amigos ligavam uns para os outros, em vez de ouvir de mim. Estava fora do meu alcance. Fiquei no quarto vizinho ao dos pais dela, aquele onde ela cresceu. Já havíamos ficado ali muitas vezes como casal. Fiquei deitado no escuro, mas não dormi, cercado por seus discos, seus álbuns de fotos, seus livros de mistério de Nancy Drew, seus anuários escolares, as miniaturas de cavalo sobre a escrivaninha.

Nossos amigos e familiares se reuniram no condado de Pulaski, embora fique a uma hora do aeroporto mais próximo e tenha quase nada de hospedagem. Gente que mal se conhecia se amontoava em quartos de solteiro do EconoLodge. Houve gente que dirigiu por horas para ir ao velório e me trouxe coisinhas dela para colocarmos no caixão e, assim, serem enterradas com ela, ao estilo *Beowulf*. Karl trouxe uma palheta, porque dava aulas de guitarra a Renée. Matt trouxe as luvas de beisebol dela; eles costumavam praticar juntos em Richmond, e ele as guardava no porta-luvas de seu carro. Perdi a conta de quanta gente trouxe bolas de beisebol. O carro do tio Zennis quebrou na viagem da Carolina do Sul, o que, de certa forma, foi uma bênção, já que os tios então acabaram passando a semana toda no jardim, consertando o carro juntos. Era exatamente a distração da qual eles precisavam, e ouvi o retinir reconfortante vindo do jardim a semana inteira.

Eu gostaria de ter estado nos eixos o suficiente para organizar um funeral, aquele tipo de funeral que as pessoas imaginam quando dizem "Quero que toquem esta música no meu funeral" ou "Vão de roupa sexy ao meu funeral". Mas não estava. Renée era uma garota com muitas fantasias, mas, até onde eu sabia, nunca gastou tempo matutando sobre funerais, o que era uma das milhões de coisas que eu amava nela. Então deixei isso para o pregador. Eu sabia que ela tinha um hino favorito ("Shall We Gather at the River") e um salmo favorito (o 43), então os mencionei. Meu pai deu alguns telefonemas e encontrou um monsenhor católico em Roanoke. Voltei para Charlottesville para buscar umas roupas glamourosas de funeral com a irmã de Renée, Drema, e sua amiga Merit. Passamos uma tarde em casa escolhendo os sapatos. Pensamos nos plataformas preto e branco, mas, em vez disso, optamos pelos scarpins de couro rosa que ela comprara na Fluevog, em Boston. Escolhemos algumas joias, um vestido verde que ela havia costurado e algumas fotos para colocar no caixão, para que as pessoas pudessem vê-la como ela realmente era em vida. Drema checou a memória do telefone de Renée para ver se seu número era o primeiro. Era. Drema e Merit então me levaram de volta ao condado de Pulaski. No caminho, conversamos sobre a placa A PONTE CONGELA ANTES DA ESTRADA. Sempre me perguntei por que, se isso é um problema, eles não simplesmente constroem a ponte com o mesmo material da estrada? Drema explicou que a ponte não é feita de um material diferente da estrada, mas congela mais rápido porque está sozinha, suspensa ali, sem terra por baixo para aquecê-la.

O funeral foi na tarde da quinta-feira, 15 de maio, no horário do antigo programa de rádio de Renée na WTJU. Ninguém queria estar ali. Meus pais se sentaram no banco logo atrás de mim e literalmente mantiveram minha postura ereta. Durante o funeral, pude ouvir um bebê chorando, o que significava que nossa amiga Heather tinha vindo de Utah com seu filho de um mês, Eli. Contei 96 carros a caminho do Sunrise Burial Park, porque sei que Renée teria contado. Fiquei grato a cada pedestre que tirou o chapéu, a todo mundo que mandou flores, a cada agente rodoviário que saudou enquanto a procissão passava. Ao redor da sepultura, ouvimos o barulho dos carros na pista de corrida.

Depois da cerimônia, fomos todos para o porão da Igreja Batista Fairlawn para almoçar. Era uma turma peculiar: amigos da noite de pôquer, camaradas da cidade natal, colegas fãs de beisebol. Pessoas se sentavam entre estranhos, amigos, inimigos, ex-namorados, ex-colegas de trabalho, gente que esperava nunca mais ver. Todos no mesmo recinto, pelo pior motivo. Percorri o salão na tentativa de dar atenção a todos; era o que Renée teria feito.

Havíamos vindo para dizer adeus a Renée, mas muitos de nós estavam dizendo adeus uns aos outros. Eu não sabia quais dos nossos amigos eu nunca mais veria, tampouco eles sabiam. Peguei uma carona de volta para a casa de Buddy e Nadine com os dois amigos que se pegaram no nosso casamento, além de um dos nossos padrinhos e também Tyler, a quem pediram para ver a identidade quando paramos para comprar cigarros. Ficamos pela casa o dia todo, contando histórias de Renée, discutindo a respeito de coisas sobre as quais ela gostava de discutir. Os tios continuavam a trabalhar no carro no jardim. Duane correu pelas fazendas vizinhas para rolar em merda de vaca. O legista ligou para explicar o que tinha acontecido. “Embolia pulmonar”, ele me disse. “Ela nunca soube o que a atingiu.” Foi muito gentil e ficou ao telefone comigo por 45 minutos. Eu nunca tinha ouvido falar em embolia pulmonar; ele me explicou que um coágulo de sangue na perna dela se soltou e foi levado pela corrente sanguínea até o coração. Perguntei por quê. “Foi uma falta de sorte”, respondeu ele. O que posso dizer?

Renée era saudável. Era jovem. Não usava drogas, nem mesmo maconha. Tomava zinco e usava absorventes orgânicos 100% algodão. Levava o cachorro para passear. Reciclava vidro. Escrevia bilhetes de agradecimento e freava no sinal amarelo. Planejava viver por muito tempo. Mesmo assim, morreu só porque seu sangue parou de funcionar.

Voltei para Charlottesville com Duane. Ela uivava porque sabia que Renée não estaria na outra ponta da estrada. Estava muito adiante de mim nesse sentido. Estupidamente, parei no túmulo na manhã da volta. Estacionei no Wal-Mart ao pé da colina, comprei um maço de Camel Light e caminhei até o Sunrise Burial Park. Não havia árvores, nem sombra, só o garoto viúvo à beira da colina, com um cachorro esperando no carro. O sol me murchava e o ar se esgotava nos meus pulmões, mas não havia nada para ver. Ela não estava ali. Eu não poderia me sentir mais distante dela em nenhum outro lugar. Duane e eu fomos embora sem nada dentro de nós. Conversei um pouco com Duane, repeti muitas vezes para ela a fala de Harvey Keitel para Tim Roth no fim de *Cães de Aluguel*: "Parece que vamos ter de cumprir um tempinho".

Era meio-dia em ponto e eu me lembro de tudo – da náusea, da tontura, de como a minha cabeça parecia que ia derreter no calor. Parei num posto de gasolina em Syria, uma cidadezinha perto da Natural Bridge, e comprei um copo de shot de souvenir. Era um souvenir da Flórida com um grande sol amarelo e sorridente. Sempre gostamos dessa cidade. Tinha alguns antiquários, um campo de beisebol, um cinema. A pronúncia é "*sigh-REE-a*", pelo mesmo motivo que Buena Vista é "*BYOO-na-vih-sta*" e Buchanan, "*BUCK-cannon*". Voltei para a 81 e experimentei ligar o rádio. "Hypnotize", do Biggie, era reconfortante; "He Stopped Loving Her Today" era pesada demais. Eu sabia que teria de reaprender a ouvir música e que nunca mais seria capaz de escutar novamente algumas daquelas que adorávamos juntos. Sempre que começava a chorar, me lembrava que Renée costumava dizer que a vida era uma canção country ruim, mas que as canções country ruins eram críveis, e a vida, não. Todo mundo sabe como é dirigir chorando; se sentir numa canção country ruim é uma das razões por que é uma merda. Havia uma casa vazia no outro lado dessa estrada, e eu não fazia ideia de como seria tentar entrar nela. Não havia ninguém lá. Eu não estava dirigindo de volta para casa – apenas dirigindo de volta.

Ao me aproximar da Afton Mountain, ouvi uma música do Prince que eu nunca tinha ouvido no rádio. "Adore" é uma balada de 1987, a última faixa de *Sign 'o' the Times*, e eu sempre pensei nela como uma dessas músicas do Prince que deveriam ter sido um hit. Mas ela tem mais de seis minutos, e não há como encurtá-la sem perder a essência. "Adore" talvez seja a mais bela balada de pegação já feita – seis minutos de deleite erótico mais delfônico que os Stylistics e mais estiloso que os Delfonics. Nunca a tinha ouvido no rádio e não ouvi desde então. Não sei por que tocaram. Era uma dessas estações solitárias que você sintoniza entre as montanhas quando não há mais nada no ar, sem locução e sem comerciais, só uma ou duas canções antes de o sinal sumir.

Prince cantava em falsete sobre anjos do Paraíso que choram lágrimas de alegria sobre ele e sua dama. Foi difícil ouvir. Parei num ponto de descanso na 64 leste, no km 170, em Greenwood, ao lado da montanha. Estacionei e ouvi o resto da música, para então sair do carro e caminhar com Duane. Sentei-me no porta-malas sob o sol e fumei um cigarro, que me deixou zonzo. Fiz os planos para o dia. Eu atravessaria a montanha, faltando só mais meia hora até Charlottesville. O que aconteceria do outro lado, não saberia dizer.

Pensei nesta fita, *Sentimento Louco*, e me perguntei se a tocaria quando chegasse. Eu não parava de ouvir uma música na cabeça, a primeira da fita, "One More Hour", do Sleater-Kinney. Eu não sabia se colocaria essa música para tocar ao chegar, ou se sequer ia querer voltar a ouvi-la na vida.

Entretanto, desde que Renée morrera, eu pensava em "One More Hour", a música mais triste de todas do Sleater-Kinney. Ficou a semana inteira a todo volume na minha mente, fosse na funerária, fosse enquanto tentava dormir ou sentado no chão, esperando pelo telefonema de Richmond que diria que tudo não passara de um engano. Estava por todos os lados e na minha cabeça, como o barulho de trem que Al Pacino ouve em *O Poderoso Chefão* antes de atirar no Turco.

"One More Hour" é uma canção punk em que Corin Tucker canta sobre como ela precisa ir embora em uma hora. Depois que ela sair de onde está, não pode voltar. Ela não quer ir e tenta se livrar dessa imposição. Porém Carrie Brownstein canta para ela, nos *backing vocals*, dizendo que já acabou. A forma como as vozes delas interagem é diferente de tudo o que já ouvi. Corin canta sobre ir embora de um lugar para o qual ela nunca poderá voltar, deixar algo que ela nunca quis soltar, tentando discutir com alguém que não pode responder. As guitarras tentam mantê-la na linha, mas ela as atravessa no grito, recusa-se a partir em silêncio, porque já é tarde demais para uma saída elegante. Corin uiva e para, tudo por mais um pouquinho, só mais um pouquinho de tempo.

HOTEL PARAMOUNT

JUNHO DE 1997

A LADO A
DATA/HORA

- Leonard Cohen: "Joan of Arc"
- Pavement: "AT&T"
- Frank Sinatra: "How About You?"
- Divine Comedy: "Becoming More Like Alfie"
- The Germs: "What We Do Is Secret"
- The Rentals with Damon Albarn: "We Have a Technical"
- The Softies: "Count to Ten"
- The Legendary Jim Ruiz Group: "My Amsterdam"
- Tindersticks: "Dancing"
- Julie London: "Daddy"
- Pavement: "Give It a Day"
- Blondie: "(I'm Always Touched) by Your Presence Dear"
- Leonard Cohen: "Famous Blue Raincoat"
- Smog: "Inspirational"

B LADO B
DATA/HORA

- Pavement: "Black Out", "Father to a Sister of Thought", "Best Friend's Arm", "Fight This Generation", "Kennel District"
- Frank Sinatra: "Swingin' Down the Lane"
- April Stevens: "I Want a Lip"
- Arto Lindsay: "Clown"
- U2: "Staring at the Sun"
- Gloria Ward: "Oh Honey"
- Leonard Cohen: "Avalanche"
- Roxy Music: "Prairie Rose"
- Tindersticks with Isabella Rossellini: "Marriage Made in Heaven"
- Frank Sinatra: "Too Marvelous for Words"

Houve muita música naquele verão. Fiz fitas para as longas noites em que eu ficava acordado, sentado na cadeira do quintal, fumando Camel Light e ouvindo meu Walkman, enquanto fitava a mata escura. Eu observava os veados de olhos brilhantes saírem de mansinho da floresta e depois voltando. Qualquer coisa para me segurar de ir para a minha cama vazia na nossa casa vazia.

Minhas mixtapes eram os botes salva-vidas nos quais eu me segurava. Eu ficava a noite inteira no quintal e ouvia Frank Sinatra cantar sobre esperar em vão, quando a lua está minguante, porque ele preferia estar dançando pela calçada com você. Eu ouvia os Germs gritarem um punk de L.A. barulhento sobre jovens transtornados que compartilham agonias secretas que ninguém mais consegue entender. Eu ouvia Bryan Ferry fazer uma serenata para sua estrela solitária no céu.

Eu ouvia e sonhava junto. Às vezes, cantava para Renée; às vezes, deixava que ela cantasse para mim.

Dormir era o pior. Eu deitava na cama e minhas canelas doíam, lembrando-se de como ela tinha o costume de chutá-las ao pegar no sono. Quem diria que canelas têm sentimentos e, ainda por cima, lembranças? Eu não fazia ideia de como comer sozinho ou dormir sozinho. Não sabia como cozinhar sozinho, sair sozinho, ouvir música sozinho, ir ao mercado sozinho. As coisas que fazíamos juntos eram estranhas agora. Brilhe, estrela solitária.

Alguns dias depois do funeral, chegou pelo correio uma caixa vinda da Chinatown de Nova York. Dentro dela, um relógio cuco verde-claro, num estilo antigo, com sinos no topo. No visor, duas galinhas laranja. A cada movimento do ponteiro dos segundos, a galinha maior bicava o milho. Renée *definitivamente* escolheu esse negócio. Segundo o comprovante do cartão de crédito, ela fez o pedido alguns dias antes de morrer. Não havia me contado nada, então eu não tinha ideia de onde vinha a encomenda ou por que ela a quis. Coloquei o relógio sobre sua mesa roxa e deixei as galinhas laranjas bicarem à vontade.

Mantive tudo na casa exatamente como Renée havia deixado, para que ela pudesse encontrar seu caminho de volta. Sua escova de dentes continuou suspensa sobre a pia. Suas caixas de *macaroni & cheese* Kraft ficaram na mesma prateleira onde sempre ficaram. Não mexi numa coisa sequer – seus batons, seus livros de receitas, suas roupas, seus sapatos, a bicicleta do Pee Wee Herman que ela não usava desde que a conheci. A pilha de CDs que estávamos ouvindo no dia em que ela morreu ficou bem onde estava. Eu vestia suas velhas camisetas do Sonic Youth e do Boss Hog todos os dias. Coloquei minhas chaves no chaveiro do Guided By Voices dela, que tinha um abridor de garrafas, e usava seu cinzeiro do Pavement. Às vezes, abria seu armário de suéteres para inspirar traços de seu perfume. Sabia que cada vez que abria esse armário, mais do perfume se perderia. Duane não parava de fuçar nos cadernos e na luva de beisebol dela, à procura de qualquer cheiro que pudesse encontrar.

Às vezes, eu saía à noite e dirigia até as montanhas. Ficava na estrada por horas, ouvindo as velhas fitas de George Jones e Hank Williams de Renée. Em certas noites, eu ia atrás de estradas pelas quais costumávamos dirigir juntos; em outras, procurava um lugar novo. Eu tinha santuários e altares para ela por toda a cidade, percorrendo a Rota 33, "O Portal para as Blue Ridge", ou Waynesboro, onde fomos ao cinema na nossa lua de mel. Decidi revisitar o shopping onde compramos *The Best of the Best of Skeeter Davis*, então simplesmente coloquei Skeeter Davis no toca-fitas e a deixei me guiar até lá. Agora que eu vivia sozinho, podia dirigir para onde quisesse e ninguém ia ficar sabendo, nem se importaria. As velhas fitas de country de Renée me mantinham na estrada. Hank Williams cantava a noite toda sobre Jonas na barriga da baleia, Daniel na cova dos leões e como eles tentavam conviver bem. Se você não tenta conviver bem, meu irmão, não terá uma segunda chance. Caro John, mandei sua sela para casa. Eu estava à procura de lampejos, mas só queria ir procurá-los nas colinas frequentadas pelos espíritos mortos.

Fui até o 7-11 em Ruckersville para fazer uma aposta para a partida de beisebol das estrelas. Se Renée tivesse tido tempo para me deixar uma lista de afazeres, tenho certeza de que isso estaria no top 5. Apostei nos palpites dela: Andruw Jones, Mo Vaughn, Joey Cora, Chipper Hones, A. Rod,

Wade Boggs, Kenny Lofton, Brian Burks, Jose Canseco, Javy Lopez – todos os seus favoritos. Eu sabia que Canseco não era um astro de verdade, mas apostei nele mesmo assim porque Renée sempre teve um *crush* enorme nele. Completei a aposta dela e fui embora.

Quando eu precisava ir para casa, fazia café e fumava. Eu havia sido um grande cozinheiro, mas agora só comia barras de cereal e sanduíches de pasta de amendoim. Tinha fome o tempo todo. Dirigia até o Arby's ou o Burger King, achava um lugar no estacionamento e comia algo quente e salgado que me deixaria com ainda mais fome ao terminar. Eu vivia cercado de amigos e familiares que queriam ajudar, mas estava congelado demais para admitir o quanto eu precisava disso, então os forcei a me ajudar em segredo. Amigos me mandavam comida, livros, fitas. Minhas primas Joan e Mary me mandaram geleia de amora do Alaska.

Sempre que eu chegava à beira do sono, meu coração disparava e eu me sentava ereto, hiperventilando. Assim, assistia a doses generosas de TV na madrugada, especialmente filmes antigos sobre matadores de aluguel, gângsteres e damas superficiais. Assistia a filmes protagonizados pelas estrelas do cinema favoritas de Renée: o corpo astuto de Ava Gardner, a carne faminta de Rita Hayworth, a cara de desdém taciturna de Jane Russell. Eu adorava a cena de *Os Assassinos* em que Ava vai até o piano, de vestido preto, e canta sua cantiga de protesto. "*The more I know of love, the less I know it/ The more I give to love, the more I owe it.*"[25] Ava Gardner não mentiu.

Quando eu adormecia, tinha sonhos nos quais Renée estava tentando achar seu caminho de volta para casa, mas se perdia porque eu havia mudado uma cadeira de lugar ou algo assim. Num sonho, ela estava presa na Inglaterra depois de entrar para as Spice Girls sem me contar. (Isso é *muito*

---

[25] "Quanto mais eu sei do amor, menos eu conheço o amor/ Quanto mais eu dou ao amor, mais eu devo ao amor."

uma coisa que ela faria.) Passara seis meses em Madri na tentativa de voltar para os Estados Unidos, mas não conseguiu um visto e chorava para que eu fosse buscá-la.

Não fazia sentido que eu ficasse mórbido em relação a Renée; ela era a pessoa menos mórbida que eu conhecia. Gente trágica e fleumática a entediava. Ela gostava de barulho, gostava de gente, especialmente de gente barulhenta. Não tinha o menor interesse na morte, então parei de ir ao seu túmulo, pois isso fazia eu me sentir longe demais dela. Deus sabe que ela não queria estar ali. Eu me sentia mais próximo dela no Taco Bell – ela adorava o Choco Taco tanto quanto detestava cemitérios. Quando eu começava a me sentir mórbido e vazio, era como se estivesse me transformando numa pessoa diferente daquela por quem ela se apaixonou. Eu não tinha voz com que falar porque ela era todo o meu idioma. Sem ela para conversar, não havia nada a dizer. Sentia falta das nossas piadas estúpidas, dos nossos segredos. Agora tínhamos toda uma linguagem nova para aprender, uma nova gramática da perda para conjugar: eu perco, tu perdes, nós perdemos; eu perdi, tu perdeste, nós perdemos. Palavras que dizia em voz alta, todos os dias, muitas vezes ao dia, por anos e anos –, de repente, viraram pó na minha boca.

Certa vez, perto da hora do jantar, parei num pequeno armazém em Crozet. Eu me lembrava desse lugar – Renée e eu fomos lá uma noite, à procura de um saca-rolhas, já que tínhamos subido para as montanhas com uma garrafa de vinho tinto, mas sem nada para abri-la. Há quantos anos fora isso? Eu não fazia ideia. O cara não tinha saca-rolhas, mas nos vendeu um canivete e fizemos o nosso melhor. Pensei em entrar no armazém e dar uma olhada, pelos velhos tempos, mas não o fiz. Só desliguei o motor e fiquei parado no estacionamento. Observei as luzes piscarem nas varandas nas colinas ao meu redor. Os faróis na estrada se escureciam, dois a dois, à medida que as pessoas chegavam ao seu destino. Em pouco tempo, as luzes das varandas também se apagaram.

MMMROB

JUNHO DE 1997

A — LADO "EU VI UM ADESIVO DA SUB POP NUM SUBARU"	B — LADO "CORAÇÕES PSÍQUICOS P/ VC"
Hanson: "MMMBop"	U2: "Mysterious Ways"
Donny Osmond: "Last of the Red Hot Lovers"	The Breeders: "Fortunately Gone"
The Osmonds: "The Honeybee Song"	Cibo Matto: "Spoon"
Urge Overkill: "Sister Havana"	Liz Phair: "Stratford-on-Guy"
Donnie Iris: "Ah! Leah!"	R.E.M.: "Fall on Me"
Kiss: "Christine Sixteen"	Psychedelic Furs: "Highwire Days"
Adam Ant: "Friend or Foe"	Siouxsie and the Banshees: "Cities in Dust"
Heaven 17: "Temptation"	Luscious Jackson: "Deep Shag"
Echo & the Bunnymen: "Seven Seas"	Soul Asylum: "Summer of Drugs"
The Pixies: "Palace of the Brine"	The Who: "Drowned"
Camper Van Beethoven: "The Humid Press of Days"	Thurston Moore: "Psychic Hearts"
Talking Heads: "Houses in Motion"	The Jam: "Start!"
Soul Coughing: "Blue Eyed Devil"	R.E.M.: "Begin the Begin"
Stevie Wonder: "I Wish"	The Who: "Music Must Change"
Skee-Lo: "The Tale of Mr. Morton"	

Minha amiga Stephanie me mandou essa fita de São Francisco algumas semanas depois da morte de Renée. Ela era totalmente obcecada pelos Hanson. "MMMBop", dos Hanson, e "The Rain (Supa Dupa Fly)", de Missy Elliott, foram as duas primeiras canções pop novas que eu adorei e não pude compartilhar com Renée. Ela teria amado ambas.

Stephanie, como se pode notar, idolatra o The Who. Eu não – e faz anos que nós batemos boca a respeito disso. Uma vez, Stephanie me explicou o enredo de "Rael", mas eu esqueci. Como também se pode notar, ela tem um espírito generoso extremamente *mod* e new wave do sul da Califórnia. Foi uma das nossas amigas de Charlottesville que rapidamente partiu para a Costa Oeste, mas era a mais legal. Foi a primeira amiga a quem contei sobre o noivado com Renée. A resposta dela foi: "Faz um sentido cósmico". Renée e ela eram muito próximas. Algumas noites depois do funeral, Stephanie me ligou e me contou um sonho maluco que ela teve em que todos os mortos que ela amava andavam de carrinho bate-bate e estavam ensinando Renée a dirigir um deles.

"Se você sentir vibrações felizes, elas vêm de mim", ela me disse após enviar a fita pelo correio. "Estou mandando essas vibrações pra você com muita força. Estou construindo uma muralha de amor ao seu redor, com três polegadas de espessura."

Eu já mencionei que Stephanie frequentou a Ridgemont High? Pois é. A escola dela, a Claremont, em San Diego, foi a escola do livro que depois se tornou filme[26]. O Sr. Hand foi seu professor de História. Ela só trouxe isso à tona após anos que já nos conhecíamos, e fiquei puto por ela não ter contado antes.

Os Hanson tinham um som tão alegre. Steph os chamava de "Tony DeFranco para um mundo Ani DiFranco". Ao ouvir os Hanson com os Osmonds na sequência, tive de admitir que havia uma conexão cósmica ali. Eu sempre precisei avançar a fita para pular a música do Soul Asylum, mas ouvi as do The Who algumas vezes. (Steph escreveu os títulos das canções na fita, mas não os nomes dos artistas, só para evitar que eu pulasse as músicas do The Who.)

---

[26] Referência ao filme *Picardias Estudantis*, de 1982, cujo título original é *Fast Times at Ridgemont High*. (N. do T.)

Eu não sabia o que fazer sem Renée. Não sabia o que eu era. Não havia um substantivo. Casualmente, eu me chamava de viúvo, mas era mesmo um viúvo? Todos os viúvos que conhecia eram velhos. Eu não conhecia nenhum viúvo jovem, e ninguém mais conhecia. Ninguém sequer tinha histórias de amigo de um amigo. Como é que eu podia ser um viúvo de 31 anos? Fui marido antes de qualquer um dos meus amigos, e, justo quando estava me acostumando com a palavra "marido", o que é que eu deveria fazer com a palavra "viúvo"? Depois de uns dias, alguns começaram a usar o termo "cônjuge supérstite". Isso foi uma surpresa. Ainda dizem isso? Não é um daqueles termos arcaicos, tipo "poetisa" ou "escola mista"? O verbo é "tornar-se viúvo", não "tornar-se cônjuge supérstite". Eu já tinha visto o termo num livro, mas era de algum modo ainda pior que "viúvo". Eu não sabia se cônjuges supérstites existiam e esperava que não, já que era um termo ainda mais brutal que "viúvo".

Todas as canções no rádio começaram a soar como se fossem sobre a morte de Renée. Eu ouvia "Creep", do Radiohead, e parecia que Thom Yorke estava cantando *"I'm a creep, I'm a widow"* ["um viúvo"]. Ou então "Crazy On You", do Heart, na qual ouvia Ann Wilson sussurrar como, na noite passada, ela sonhou que era uma viúva à beira de um riacho. Antes de Renée morrer, sempre achei que o Radiohead cantava sobre um esquisitão [*"weirdo"*] e que o Heart sonhava com uma árvore [*"willow"*]. Agora, eu nunca mais poderia voltar a ouvi-las como antes.

A coisa terrível nos viúvos é que viúvos são coisas terríveis. Seus olhos são cobertos por óculos de sol. Seus dedos são cobertos de anéis. São assustados, largados, zangados, calados, tontos, tontos, tontos, tontos, tontos. Porém, a coisa mais terrível nos viúvos é que eu sou o único. Eu sou o único.

"Viúvo" era ruim demais. Viúvo, viuvaço, o mais viúvo. Passeio de viúvo, trajes pesados de viúvo. Viúvo de luto, viúvo alegre, viúvo profissional, bico de viúvo, viúvo largado em casa, viúvo-negro[27]. Quando editores de revista precisam cortar uma palavra no final de um parágrafo porque ela desperdiça uma linha inteira, chamam de viúva. Porém, "viúvo" tem esse "o" insistente que ressalta que você não é só um esposo privado de esposa, mas um esposo fracassado. Você fracassou com sua esposa por não salvá-la ou por não morrer junto com ela ou antes dela. Você é um viúvo com asterisco.

Eu tinha vergonha de mostrar a cara em qualquer lugar, embora meus amigos se recusassem a me deixar desaparecer. Toda a vez que eu precisava sair de casa, usava a aliança. Eu não sabia se viúvos tinham de fazer isso ou não, então só fazia. Sempre fui casual quanto a usar aliança, mas agora eu usava todos os dias. Também levava meus óculos grandes de Yoko Ono. Para mim, o véu da viúva era uma tradição medieval degradante, mas passei a me dar conta de que tinha um propósito prático, porque, quando você chora o dia todo, seus olhos se tornam grudentos e se enchem de poeira constantemente.

Há tanta coisa a respeito de ser viúvo que ninguém te conta. Não há manuais, não há modelos de comportamento. Você absorve muito conhecimento inútil que preferia nem saber. Um deles é que o lixo por correspondência

---

[27] Aqui há uma série de referências ao universo léxico de *widow* (viúva/o): o "passeio de viúva" (*widow's walk*) é uma plataforma comumente instalada nos terraços de casas litorâneas da Nova Inglaterra no século 19, e recebe esse nome por ser um lugar onde as esposas dos marinheiros observavam a costa à espera do retorno de seus maridos, quase sempre em vão; no texto original, a expressão seguinte, *widow's weeds* (ao pé da letra, "heras de viúva/o"), descreve os vestidos pesados e o véu, ambos negros, usados pelas viúvas da Era Vitoriana; *A viúva alegre* é uma opereta de 1906 escrita por Franz Lehar e deu origem a um filme homônimo, de 1934; "Professional Widow", ou "Viúva/o Profissional", é uma canção de Tori Amos, do disco *Boys for Pele*; "bico de viúva" é o nome que se dá à linha do cabelo em formato de "V" que algumas pessoas têm na parte superior frontal da testa; duas expressões presentes no texto original, "*golf widow*" e "*grass widow*", designam esposas que acabam largadas em casa enquanto seus maridos se encontram sempre fora, viajando e praticando hobbies como o golfe; por fim, uma referência à aranha venenosa. (N. do T.)

nunca para de chegar. Ainda fico impressionado com isso. Já se passaram anos desde o funeral, e eu ainda recebo propagandas e catálogos para Renée. Não importa o quanto você ligue ou escreva. Não importa quantas vezes você mude de endereço. Por exemplo, hoje recebi um envelope endereçado a "Sr. e Sra. Robert J. Sheffield" prometendo "Informações Atualizadas" sobre o Pinelawn Memorial Park e seus mausoléus. Veio uma carta personalizada e um panfleto intitulado "Vamos encarar isso agora".

> *Caro Amigo,*
> *Há uma série de questões para as quais toda família deve ter as respostas. É por isso que o Pinelawn Memorial Park quer que você tenha as informações necessárias agora mesmo para prover proteção total e tranquilidade à sua família.*

A carta nos convida a solicitar "nosso livreto gratuito de planejamento familiar". Renée e eu recebemos um livreto de planejamento familiar da prefeitura de Charlottesville quando nos casamos, mas esse é um tipo de planejamento diferente – correspondência descartável de um cemitério. Quem decidiu enviar isso ao "Sr. e Sra. Robert J. Sheffield"? Eles têm ideia de que a Sra. já está num cemitério? Ou presumem que, a esta altura, exista uma nova Sra.? Fico pasmo.

Hoje chegou outro envelope pelo correio, desta vez prometendo uma "Nova Esperança Para a Quitação de Dívidas!" para Renée. Ora, vamos dar algum crédito para a morte. Ela, no mínimo, cuida da quitação de suas dívidas.

Outra coisa que aprendi como viúvo é que você recebe um cheque de 255 dólares do Seguro Social. É a forma deles de retribuírem ao falecido (outra palavra que nunca usei antes) por todos os anos de trabalho. Precisei dar uma entrevista de encerramento ao Seguro Social para confirmar que a falecida tinha, de fato, falecido – é exigido por lei. Eles só queriam se certificar de que Renée não tinha fugido para o Brasil ou algo assim. Foram muito simpáticos ao telefone.

O funeral custou 6.776 dólares. Os caras da funerária foram muito legais; disseram que eu poderia simplesmente pagar quando tivesse o dinheiro, sem juros nem nada. Paguei-lhes com cheques, pouco a pouco, enviados ao longo do ano seguinte, até quitar tudo. Cópias da certidão de óbito emitidas pelo estado da Virgínia custavam 35 dólares cada. No imposto de renda, eu agora marcava a opção "Viúvo". Paguei as faturas dos cartões de crédito de Renée após ter pago a funerária. Seus empréstimos estudantis federais foram anulados. Olha só: enviei um cheque da parcela desse empréstimo na sexta-feira, 9 de maio, e eles devolveram o valor porque descontaram o cheque na segunda-feira seguinte, quando ela já não se encontrava mais viva.

É difícil explicar que sou viúvo no departamento de trânsito, no banco, no correio. As pessoas ficam assustadas com isso. Algumas te dão uma colher de chá, outras não. A mulher muito simpática do departamento de trânsito me deixou atualizar o documento do carro (que estava no nome de Renée) mesmo com a minha cópia da certidão de óbito sendo uma xerox, pois, na época, eu não tinha os 35 dólares para pedir outra. Foi muito bondoso da parte dela. Ela não precisava me quebrar esse galho, mas quebrou.

Isso foi uma das coisas mais estranhas que aprendi como viúvo – o quão bondosas as pessoas podem ser. O trabalho de Renée continuou a sair em revistas após sua morte, e pessoas escreviam para essas revistas dizendo que eram fãs dela. Lembro-me de um telefonema que recebi cerca de um ano mais tarde, depois que Tammy Wynette morreu. Toquei uma porção de músicas dela no meu programa de rádio naquele dia, pois honrar Tammy teria sido a onda de Renée na WTJU, e eu quis cuidar disso por ela. Um estranho total, alguém que só nos conhecia de ouvir nossas vozes no rádio, ligou para dizer que gostou do programa. Comentou que sempre foi fã de Renée e que ela ficaria orgulhosa por eu ter honrado Tammy. Disse ainda que, no dia seguinte, seria o jogo de estreia dos Richmond Braves na temporada e que ele iria e pensaria em Renée.

Você perde um certo tipo de inocência quando experimenta essas amostras de bondade. Você perde seu direito de ser um cínico cansado. Não pode mais atravessar o espelho de volta e fingir que não sabe o que sabe sobre bondade. É uma derrota, de certa maneira. Numa tarde, sentei-me no Tonsler Park, em Charlottesville, para assistir a uma partida da Liga Infantil e me lembrei dos meus próprios dias como lateral direito. Nenhuma dessas crianças já sabe quanto custa um caixão, pensei. Nenhuma dessas crianças sabe sobre gastos funerários ou a palavra "falecida". Mas há muita coisa que eu sei da qual não abriria mão. As pessoas não paravam de me mostrar uma bondade incomensurável, uma bondade inexplicável, uma bondade indefensável. As pessoas foram bondosas quando sabiam que ninguém ia notar, menos ainda louvá-las por isso. Foram bondosas até quando sabiam que eu não ia gostar.

Eu não tinha ideia de como fazer jus àquela bondade. Havia tanta gente em torno da vida de Renée e eu não sabia como cuidar dessas pessoas. Como eu falaria para a cabeleireira dela? Para o oftalmologista? O psiquiatra? A senhora da pizzaria do Barracks Road, aonde íamos nas tardes de sexta-feira? Voltei várias vezes lá sozinho e via reconhecimento nos olhos dela e sentia curiosidade em seu "olá", mas ela nunca perguntou. Às vezes, eu tinha medo de que ela perguntasse, ou esperava que ela perguntasse.

O que eu queria fazer era simples: escrever bilhetes para as pessoas, dizer obrigado por tornarem a vida de Renée melhor. Vocês a deixavam mais feliz, vocês cuidavam dela, eu me lembro de vocês por isso, valeu. Escrevi dois desses bilhetes – um para o psiquiatra e outro para a massagista. E então me deitei no chão, fechei os olhos e pensei: "Bem, isso é suficiente". Fiquei sem ar. Tentei fazer o máximo de despedidas por Renée que pude, mas, caramba, eu nunca conseguiria zerar. Ela não era uma pessoa que amarrava pontas soltas ou resolvia pendências. Eu queria muito escrever para Jean, sua cabeleireira no Bristles. Ela fez três dos quatro cortes de cabelo preferidos de Renée de toda a vida. Cuidou da lambança do ruivo falso. Escreveu uma lista dos cinco melhores filmes de Bette Davis e contou a Renée como era fácil conseguir uma anulação de casamento (bem, obrigado por *essa*). Eu queria explicar por que Renée não ligava mais. Nossa amiga Elizabeth, Deus a abençoe, escreveu esse bilhete. Eu ainda tenho muitas dúvidas e arrependimentos quanto a todas as pessoas que conheciam Renée e gostavam dela e nunca receberam a notícia de mim. Gente que se pergunta o que aconteceu àquela garota, por que ela não aparece mais. Carrego um grande pesar e uma vergonha por isso.

Tive notícias da dona do Meander Inn, a pousada em Nellysford onde passamos nossa lua de mel. Ela viu o nome de Renée no jornal e me mandou um cartão. O que você faz com uma bondade dessas? Eu me sentia minúsculo perto disso e estúpido por não entender nem por onde começar. Tinha muito a aprender. Foi desconcertante e humilhante seguir descobrindo quantas coisas corajosas as pessoas são capazes de se convencer a não fazer. Há uma centena de jeitos excelentes de se persuadir a não escrever um bilhete como o que ela me mandou – e eu usei todos eles.

Cheguei a ir até a livraria e li o que Emily Post dizia sobre a etiqueta dos bilhetes de agradecimento: em vez dos cartões da funerária, compre papéis novos com bordas pretas e use tinta preta. Fui até a papelaria, mas saí de lá sem papel nenhum, pois, enquanto percorria as prateleiras, encontrei meu amigo David, cuja namorada estava imprimindo cartões de visita. Conversamos por uma hora. Ele disse umas coisas legais que vinha pensando a respeito de Renée nos últimos tempos. Fui para casa e me encolhi na agora costumeira posição fetal. Nunca comprei os papéis e deixei de escrever incontáveis bilhetes, mais uma vez, para meu pesar e minha vergonha.

Eu estava impotente para tentar retribuir a bondade das pessoas, mas igualmente impotente para resistir a ela. A bondade é uma força mais assustadora que a crueldade, isso é certo. A crueldade não é tão difícil assim de entender. Eu não tinha problema em compreender por que a companhia telefônica queria me ferrar; o objetivo deles era só roubar algum dinheiro, não era nada pessoal. É assim que o mundo funciona. Era algo que deixava bravo, mas não fazia eu me sentir estúpido. Quando muito, lisonjeava minha inteligência. Já aceitar toda aquela bondade fazia eu me sentir estúpido.

A benevolência humana é totalmente injusta. Nós não vivemos num mundo bondoso ou generoso, e, no entanto, somos bondosos e generosos. Sabemos que o universo está aí para nos queimar, pegando todos nós da maneira como pegou Renée, mas não queimamos uns aos outros, não sempre. Somos pessoas bondosas num mundo nada bondoso, parafraseando Wallace Stevens. Como é que você finge que não sabe disso, depois de ver? Como é que você volta a agir como se não precisasse disso? Como é que você empata o placar e sai livre? Não tem como. Vi-me forçado a abandonar todo o tipo de independência que eu pensava ter, independência que eu passara anos tentando cultivar. Esse mundo se fora por completo, e agora eu era um dependente suplicante da misericórdia dos corações psíquicos dos outros.

Fiquei maravilhado e fui arruinado por esse conhecimento. Renée sempre soube disso; eu estava aprendendo só agora.

Eu ouvia a fita de Stephanie apenas durante o dia, porque não queria estragá-la associando-a às minhas noites. "The Rain (Supa Dupa Fly)" te incitava a ponderar sozinho à noite, com Missy Elliott e Timbaland animando um ao outro em cima daquelas batidas melancólicas de funk dos pântanos de Tidewater. Eu não podia acreditar que tanto os Hanson quanto Missy Elliott estouraram no mesmo momento em que Renée morreu; ambos eram feitos para Renée, e o fato de que ela nunca pode escutá-los era uma insanidade. Missy escreveu um recado para Biggie no encarte de seu CD: "Espero que você possa ouvir meu álbum, onde quer que esteja. Paz". Eu me sentia da mesma forma.

Como de costume, houve temporais em Charlottesville todas as tardes naquele verão. Fiz uma fita na qual "The Rain", de Missy, era sucedida por "It's Raining", de Irma Thomas, duas das músicas de chuva mais tristes de todos os tempos. Você pode suportar a chuva? Você diz que sim, mas não sabe. Eu não posso suportar a chuva. Contando cada gota, prestes a enlouquecer. Caindo na minha cabeça como uma lembrança. Acho que vou perder o controle, mas não a memória. Missy balbucia para si mesma para se manter acordada ao volante, fazendo barulhos de limpador de para-brisa com a boca, cantando "*wikka wikka wikka*", dizendo a si mesma: "Ah, Missy, tente manter a compostura".

Fui até Boston para o fim de semana no meu aniversário de casamento, já que eu não suportava ficar sozinho em casa. Ao longo de toda a 95, o rádio tocou um *loop* sem-fim de Missy, Biggy e Puffy: "The Rain", depois "Hypnotize", depois "I'll Be Missing You", depois "Mo Money Mo Problems" – todos os hits daquele momento. O carro estava surrado demais para aguentar. Minha bateria começava a falhar. Sempre que eu parava num congestionamento ou num semáforo, o motor morria e demorava até meia hora para funcionar de novo. Na D.C. Beltway, superaqueci, coloquei em ponto morto e tentei embicar no acostamento. Um senhor numa caminhonete parou e me ajudou a empurrar. Ele ligou para um reboque de seu celular, mas o reboque não chegou, então usei lenços de papel para limpar o motor e segui em frente.

Missy e Timbaland ainda dominavam o rádio ao norte da linha Mason-Dixon. Quando começou a chover de fato, prendi a respiração e pisei fundo.

Houve uma tempestade à meia-noite na George Washington Bridge, mas Timbaland soltava os graves no tempo dos limpadores de para-brisa e me impulsionou para o outro lado da ponte. O rio é profundo e largo. O baterista funkeado está do outro lado. Sempre que eu achava "The Rain" no rádio, a linha de baixo retumbava por quilômetros e mais quilômetros. A sensação era de que chovia no mundo todo. Lá vem a chuva, lá vem o vento, cinco, seis, sete, oito, nove, dez. Ah, Missy, tente manter a compostura. E, num *mmmbop*, você se foi.

HIPNOTIZE

OUTUBRO DE 1997

Já estava frio antes do pôr do sol. Duane e eu caminhamos pela Sunset Drive até a beira da colina e entramos na mata. Cruzamos a ponte do riacho, passamos pelas fazendas, onde vimos as vacas relaxando preguiçosamente sob o sol. Costumávamos dar meia-volta quando chegávamos à passagem sob o viaduto da I-64, mas dessa vez seguimos por alguns quilômetros até a Green Country Road e um pedaço de Charlottesville que eu nunca tinha visto, nem de carro. Pista duplicada, um Taco Bell, um Hardee's, shoppings térreos e postos de gasolina. Só voltamos para casa perto da meia-noite. Duane foi dormir no cobertor dela. Sentei-me no quintal e acendi um cigarro. Nos fones de ouvido, Biggie falava sobre uma garota. Já estão juntos há algum tempo e ela sabe muitos segredos dele que nunca vai contar a ninguém. Esta noite, ele tem algo especial planejado – sabe o tipo de música que ela gosta, aquele R&B de galanteador suave como licor, então, para variar, escreveu esse tipo de canção para ela, só para mostrar que está prestando atenção. "Fuck You Tonight" é cheia de arrepios e lamentos de R&B, mas também tem uma marra de cafetão *gangsta* de olhar frio. Ave, Biggie, cheio de graça, você tem uma arma na cintura, por favor, não dispare aqui dentro.

Eu ansiava por uma marra de cafetão só minha. Assim como Shaft, sou um homem complicado e ninguém me entende, a não ser a minha mulher, só que ela está morta e não entende isso melhor do que eu.

Setembro chegara e nada havia mudado. Fui morar em um novo apartamento, na frente da igreja batista, a um quarteirão da Adventista do Sétimo Dia. Porém, eu não tinha ânimo para abrir as caixas, então simplesmente as deixei no chão e passava por cima delas. Era mais um templo do que um lugar para se viver, mas, na época, era como eu queria. Renée nunca tinha morado ali e nunca teria concordado em morar ali, já que o banheiro mal tinha espaço para guardar coisas de menina e não havia um balcão na cozinha. Nos meus sonhos, ela procurava por mim no endereço antigo e não conseguia me encontrar. Duane fugiu umas duas vezes para, no dia seguinte, aparecer no apartamento antigo, certamente à procura de Renée. As pessoas que agora moravam lá foram muito legais com ela e avisaram o proprietário, que ligou para mim. À noite, eu me sentava na mesma cadeira, num quintal diferente, fitando um bosque diferente a noite toda, só que nada do que eu via ali trazia boas notícias sobre o meu futuro.

Alguns dias após minha mudança, estava sentado no quintal quando o Sr. Kirby, vizinho da casa ao lado, veio me dar um oi. Também era viúvo, sua primeira esposa morreu de câncer no fígado em 1988, e, um ano e meio depois, ele se casou com a Sra. Kirby, que veio no dia seguinte me trazer bolo de banana. Eles frequentavam a igreja batista do outro lado da rua e estavam na casa dos 70. Os rapazes que moravam no andar de cima trabalhavam na cafeteria Higher Grounds e tocavam num dos grupos *underground* de funk metal mais populares da cidade, o Navel. O dia todo, Wally, o guitarrista, praticava *licks* ("Killing in the Name", do RATM, era uma grande favorita), enquanto seu irmão, Drew, o baixista, toda noite fazia um sexo incrivelmente barulhento no quarto bem em cima do meu, a ponto de eu ter de me levantar e ir dormir no sofá.

Até aquele ano, eu não fazia ideia de que ventava tanto em Charlottesville em outubro. Nunca tinha dormido sozinho lá no frio. Nossos antigos cobertores ainda estavam guardados em alguma das caixas. Enquanto procurava por eles, abri uma caixa de tecidos de Renée, os tecidos que ela deixou para trás no meio de seus designs de moda grandiosos. Tirei cortes enormes de veludo cotelê vermelho e azul e os coloquei na cama, como coberta. Havia veludo cotelê de sobra (que diabos ela estava fazendo, um sofá?), então pendurei nas janelas para evitar o vento e a luz. Uma janela vermelha, uma janela azul.

Da forma como eu via, todo esse pesar seria como uma noite de inverno passada do lado de fora. Você vai se aquecer quando se acostumar com o frio. Só que, após passar um tempinho fora, você sente o calor se exaurindo e se dá conta de que o oposto está acontecendo: você está ficando cada vez mais frio à medida que o calor do seu corpo que você trouxe para fora vaza da pele. Em vez de se acostumar, quanto mais tempo você suporta, mais se enfraquece. Eu estava tentando muito ser forte. Sabia como sair, como ficar dentro de casa, como fazer as coisas, mas era isso, ponto final.

Certas noites, eu dirigia pela Rota 29 até o Wal-Mart 24h. Empurrava um carrinho com alguns rolos de papel-toalha dentro, para parecer um comprador genuíno, mas era só para espiar gente casada. Queria estar perto deles, escutá-los discutir. Este aqui está 2,99 dólares! Mas este aqui está 1,49 e só vem um! Mas 2,99 é mais barato por rolo! Mas 1,49 é mais barato que 2,99! Mas nós podemos guardar o outro! Moramos numa casa, não num depósito de papel-toalha, e vamos pagar mais de 1,49 dólar de aluguel no espaço necessário para guardá-lo! Mas papel-toalha de sobra nunca é demais! E assim por diante. Gente casada briga por umas merdas bobas quando acham que não tem nenhum viúvo de butuca. E nunca pensam que há um viúvo de butuca.

O Wal-Mart sempre estava cheio de casais fazendo compras. Nenhum deles parecia feliz por estar ali, mas estavam juntos, e eu tentava não ser pego encarando enquanto os seguia de corredor em corredor. Estava faminto demais por companhia. Eu tinha medo de ser pego, de que minha aliança passasse por um detector e me expusesse como uma fraude, um viúvo que tentava se passar por marido. A loja começava a esvaziar por volta das 2h da manhã, mas eu quase sempre ficava até mais tarde. Nunca era a única pessoa ali, só o único homem sozinho. Eu parecia ocupado percorrendo as prateleiras de fitas cassete de dois ou três dólares: country para quadrilha, antologias cristãs, coletâneas de sucessos de grupos como Three Dog Night ou Air Supply.

Muitos dos casais eram mais jovens do que Renée e eu. Alguns pareciam bravos; outros, confortáveis. Às vezes, eu me perguntava se eles estavam assustados, do mesmo jeito que eu costumava me assustar quando era jovem e casado. Às vezes, eu me perguntava se eles me notavam e se questionavam por que diabos eu não tinha outro lugar para ir, em vez de ficar empurrando um carrinho debaixo daquelas luzes fluorescentes. Porém nunca ninguém me notou. E eu nunca sentia vontade de voltar para casa.

Eu comia muita comida de viúvo: sanduíches de pasta de amendoim, cereal, burrito de carne congelado. Aquecia os burritos no forno e, se não saíam totalmente descongelados, eu dizia: "Dane-se, qual a diferença?", e mordia o gelo. A sensação de fome e a de solidão se misturavam até que fosse difícil diferenciá-las. Parei de cozinhar. Não suportava a ideia. Quem iria comer? Quem iria notar? Quem iria se importar? Doei todos os utensílios de cozinha de Renée, seus livros de receitas, suas facas sofisticadas, suas tábuas, seu mixer KitchenAid. Porém, ainda há a fome. O sol se põe e há decisões rápidas a ser tomadas. Tudo em Charlottesville fecha às 21h. Se você mora numa cidade pequena e não cozinha, vai passar fome por um tempo. Os restaurantes onde vocês costumavam comer juntos? Pode esquecer. É como se tivessem fechado. Parei de ir ao College Inn para comer panquecas porque eu sabia que ia ver Gail, uma garçonete que nos atendia muito bem, e eu não queria ter essa conversa nunca. Então fui ao Tavern. Só que Gail agora era garçonete lá e veio me servir café. "Onde está a garota ruiva?", perguntou. Contei a ela. Gail chorou e disse: "Deus leva as pessoas boas primeiro". Eu também não poderia voltar mais lá.

Passei a ir ao Applebee's, um restaurante de rede onde era garantido que não veria nenhum dos meus amigos. Eu me sentava numa cabine com um livro e era deixado em paz, comendo filé, bebendo refis de refrigerante e ouvindo a conversa de pessoas que pertenciam umas às outras. Tornei-me um *connoisseur* de redes de restaurantes de ambiente familiar e voltadas para o volume – quanto mais cafona, melhor, especialmente aqueles com temas tipo faroeste ou deserto australiano, onde todos os bifes ganhavam nomes de cidades turísticas e todas as batatas assadas se chamavam Uncle Stuffy's Baco-Blaster Cheddar-Chernobyl Twicersplosion. Eu sabia que ali seria anônimo, um cara que ninguém notaria nem sentiria pena, afinal as cabines eram bem privadas e as pessoas tinham de lidar com suas próprias famílias. As garçonetes eram simpáticas comigo porque eu não tinha filhos e, portanto, não dava trabalho para elas além dos meus desejos irracionais por refil de refrigerante. Era sempre difícil me obrigar a ir, sobretudo quando precisava encarar aquele momento de pedir uma mesa para um, blefando como se isso fosse algo absolutamente comum. Eu tinha de estar com uma fome de leão para sequer tentar, e, mais de uma vez, cheguei até o estacionamento e dei meia-volta.

O Applebee's era o meu favorito porque as cabines tinham as divisórias mais altas. O Ruby Tuesday tinha uma carne melhor, mas as divisórias eram baixas demais, o que significava um problema de contato visual em potencial. O Outback também tinha divisórias baixas, mas isso não importava, pois também deixavam a luz baixa. O ar-condicionado era congelante, para que as pessoas entrassem e saíssem rápido, então eu levava um suéter. Não precisava me preocupar em ser visto regularmente, uma vez que ninguém trabalhava nesses lugares por muito tempo – acho que nunca fui atendido pela mesma garçonete mais de uma vez. Elas sempre eram legais em me deixar ficar e ler. Algumas vezes, algum recepcionista adolescente me dava uma dificultada. Talvez uma em cada cinco vezes, eles me perguntavam se eu me importava em comer no balcão. Nunca aceitei, porque se eu aceitasse uma vez, teria de aceitar sempre.

Eu ainda comprava revistas femininas no mercado, na tentativa de me passar por marido fazendo compras para uma esposa que estava em casa, em vez de um homem que morava sozinho e conduzia um carrinho cheio de duas dúzias de burritos de carne congelados. Eu detestava viver numa casa de homem, com uma geladeira de homem e um banheiro de homem, quando a mulher não está mais. Um banheiro de homem e mulher só leva umas duas semanas para se tornar um banheiro de homem. Que rebaixamento: exilado para um cafofo de solteirão. Sabe a música do Johnny Paycheck, "The Feminine Touch", ou "Things Have Gone to Pieces", do George Jones? Mais uma coisa que só os cantores country entendem. E tem mais. Um dia, você está numa paisagem física que compartilha com uma criatura bizarra e fundamentalmente alienígena – alienígena não por ser fêmea, mas alienígena porque você é um tolo apaixonado e não há nada alienígena nisso. E então, quando ela se vai, você fica sozinho com toda a estranheza e o maravilhamento sumindo do cenário. E você ainda é um tolo, mas agora ninguém nota quantos dias seguidos você usou o mesmo par de meias e limpar o chuveiro não faz mais a garota sorrir, então tudo cheira um pouco pior e não é consertado quando quebra. Assim como Johnny Paycheck, eu sentia falta do toque feminino – não só o dela, mas o meu também. Sentia falta de ser metade garota, metade garoto, parte de um todo. Agora que eu era macho num ambiente de macho, era mais difícil manifestar sua presença de garota, não importava quantos batons da MAC dela eu botasse num cesto sobre a mesa de centro como se fosse um punhado de M&Ms.

Quando minha geladeira quebrou, não liguei para o proprietário para consertá-la. Tentei consertá-la eu mesmo, furioso pela minha geladeira de homem estar me dando trabalho. Vivi à base de manteiga de amendoim e *ginger ale* quente por um mês inteiro até ceder e ligar para o proprietário. Tirei a garrafa de champagne, a da outra casa, aquela que Renée deixava à mão porque acreditava na ideia de sempre ter uma garrafa de champagne de sobra na geladeira. Agora a garrafa estava quente e provavelmente prestes a explodir. Fiquei amedrontado demais para descartar o champagne de uma maneira racional, então coloquei óculos de proteção, enrolei a garrafa na velha camiseta do Motörhead de Renée e a carreguei lentamente pelo quintal até a mata. Eu planejava voltar e quebrar a garrafa com uma pedra, o que a tornaria inofensiva, mas nunca mais a encontrei. Até onde eu sei, o champagne ainda está lá na mata, esperando pelo momento certo para explodir.

Era difícil explicar aos meus amigos o que estava acontecendo. Quando eles ou meus familiares me perguntavam como eu estava, eu travava ou gaguejava ou mentia. Às vezes, sentia as geleiras se movimentarem dentro de mim e esperava que elas estivessem derretendo, quando, na verdade, estavam apenas se acomodando. Todo esse contorcionismo monstruoso dentro de mim deformava o exterior do meu corpo, eu tinha certeza disso.

Não havia dúvida de que as pessoas me viam a um quarteirão de distância e sabiam que eu já tinha passado do meu momento de "até que a morte os separe".

Às vezes, eu ouvia minha voz se aproximar do nível da cena de loucura de Elizabeth Taylor. Você sabe, em todos os filmes realmente muito bons de Elizabeth Taylor, os melodramas rasgados, sempre há uma cena em que ela surta porque está vivendo num segredo horrível que não consegue explicar.

Liz em *Disque Butterfield 8*: "Você não sabe disso. Ninguém sabe disso".

Liz em *De Repente, no Último Verão*: "Você não vai acreditar nisso. Ninguém, ninguém, ninguém poderia acreditar".

Eu amo a Liz Taylor. Renée e eu tínhamos um filme favorito de Liz, *Traidor*, em que ela é casada com Robert Taylor, que vive uma vida dupla secreta como espião soviético. No fim do filme, ela fica viúva porque seu marido acaba de morrer baleado por agentes do mundo livre. Um dos agentes explica a Liz que nada daquilo aconteceu e que, por razões de segurança nacional, sua viuvez é um segredo que ela nunca poderá revelar. Então, imagino, ela deve voltar para a família e inventar uma história para encobrir a verdade sobre onde seu marido está. Não sei. O filme simplesmente termina com Liz recebendo instruções de que ninguém pode saber o que aconteceu a ela e ao marido. De qualquer modo, ninguém acreditaria nela.

JACKIE BLUE

FEVEREIRO DE 1998

A — LADO A DATA/HORA

- Queen: "You're My Best Friend"
- TLC: "Red Light Special"
- Neil Young: "Field of Opportunity"
- Ray Charles: "Carryin' the Load"
- Sonny Boy Williamson: "Don't Start Me to Talkin'"
- Wanda Jackson: "Hot Dog! That Made Him Mad"
- The Ramones: "Questioningly"
- The Pooh Sticks: "Emergency"
- Hanson: "Weird"
- Don Covay: "Watching the Late Late Show"
- Tony Joe White: "Polk Salad Annie"
- Hank Williams: "There's a Tear in My Beer"
- Touissaint McCall: "Nothing Takes the Place of You"
- Tavares: "That's the Sound That Lonely Makes"
- Ozark Mountain Daredevils: "Jackie Blue"

B — LADO B DATA/HORA

- Ernest Tubb: "Let's Say Goodbye Like We Said Hello"
- The Rolling Stones: "Connection"
- Lefty Frizzell: "Long Black Veil"
- Bob Dylan: "You're Gonna Make Me Lonesome When You Go"
- Johnny Thunders: "You Can't Put Your Arms Around a Memory"
- Aretha Franklin: "Since You've Been Gone (Sweet Sweet Baby)"
- Elvis Presley: "Trying to Get to You"
- Johnny Cash: "I Still Miss Someone"
- Little Willie John: "Need Your Love So Bad"
- Jimmy Wakely: "Walking the Sidewalks of Shame"
- The Monkees: "What Am I Doing Hangin' 'Round"
- Rod Stewart: "Mandolin Wind"
- The Rolling Stones: "Moonlight Mile"
- Jacqueline Kennedy: pronunciamento de 1963 na TV

No avião a caminho de Nova York, onde eu entrevistaria algumas bandas para a *Rolling Stone*, ouvi duas mulheres de meia-idade sentadas atrás de mim, que não se conheciam, começarem uma conversa. Uma delas estava viajando para o casamento do genro. Sua filha tinha morrido de câncer seis meses antes. "Você não acha estranho que ele esteja se casando de novo?", perguntou a outra mulher. "Não, Manny é o tipo de pessoa que precisa se casar. Quando minha filha estava doente, ela disse: 'Manny vai estar casado de novo antes do jantar'", respondeu a sogra.

Durante a minha estadia na cidade, achei um álbum numa loja de discos no East Village. Era um LP documental de Jackie Kennedy intitulado *Portrait of a Valiant Lady*, produzido às pressas logo depois do assassinato de JFK. Segundo a contracapa, tratava-se de "um disco documental inspirador, escrito e produzido especialmente para o desfrute de todos os americanos", elaborado por algo chamado Research Craft Corporation em associação ao Departamento de Educação Auditiva. Ambos os lados do álbum são dedicados a uma biografia de Jackie, "heroína trágica e primeira-dama do mundo". Há homenagens recitadas, um poema escrito especificamente para o disco, versões recriadas e cafonas de passagens de noticiários e a voz da própria Jackie, num pronunciamento na TV que ela fez perto do Natal de 1963, agradecendo ao mundo por suas condolências.

Eu não conseguia parar de fitar o rosto de Jackie na capa do álbum, que era apenas uma grande imagem dela, sem texto ou adornos. Não sei quando a foto foi feita, se antes ou depois de 22 de novembro. Ela está pensativa num sofá, encarando a câmera com um sorrisinho triste. Está vestida de branco. Seu figurino é casual, talvez a metade superior de um vestido vista da cintura para cima, talvez um suéter com uma gola discreta. Não usa joias. Está numa sala de estar – a dela? A de outra pessoa? A Casa Branca? – com um abajur ligado ao fundo numa mesa de centro cheia de fotos (embaçadas demais para sabermos quem está nelas) e um cinzeiro. Ela está virada para a câmera, como se tivéssemos acabado de interrompê-la enquanto olhava pela janela. As cortinas são cheias e brancas. Ela repousa o queixo sobre a mão direta, o cotovelo apoiado no sofá. Seu braço esquerdo está casualmente pousado sobre o encosto do sofá e a mão esquerda está oculta pelas cortinas.

Não se pode ver se ela está usando aliança.

Depois que encontrei esse disco, o tocava constantemente. A biografia de Jackie acompanha sua história de vida à medida que o narrador insiste no tema de sua nobreza numa prosa empolada do tipo: "Ela mantém uma vigília leal e solitária com este mundo". Sua mensagem de agradecimento no lado B é muito estranha. As palavras são articuladas, mas sua voz soa em estado de choque. Ela parece sair do roteiro e, num dado momento, pausa no meio de uma sentença para dizer: "Toda a luz forte dele se foi deste mundo". É um pouco assustador de ouvir. Jackie pede desculpas por não responder às cartas de condolências. Por alguma razão, é esse o tema principal de sua fala de mais ou menos um minuto. Ela explica que recebeu 800 mil cartas. "Sempre que posso suportar, eu as leio", diz ela. "O meu maior desejo é que todas essas cartas sejam reconhecidas. Elas o serão. Mas levará tempo."

Eu me pergunto se todos os viúvos são obcecados por Jacqueline Kennedy. Provavelmente sim. Renée e eu sempre fomos obcecados por ela, muito antes de sabermos que um de nós seria viúvo. Éramos *junkies* da "Jackiesploitation", devorávamos todas as biografias, por mais de mau gosto que fossem. Renée, é claro, já nutria um fetiche pela moda dos anos 60 (ela até tinha um chapéu casquete rosa da época, que cheirava mal o bastante para causar um ataque de asma nela), e eu tenho certeza de que essa obsessão só piorou após ela ter entrado para uma família irlandesa católica ao se casar. Víamos com maus olhos quem a chamava de Jackie O – eles não entendiam Jackie Kennedy, um exemplo de elegância, a mais *bouviescente*[28] de todas as garotas americanas católicas. Assistimos a Jaclyn Smith (a das *Panteras*) em *Jacqueline Kennedy, Vida Privada*, mas preferíamos Jacqueline

[28] Termo inventado que faz trocadilho com o sobrenome de solteira de Jackie, Bouvier. (N. do T.)

Bisset em *O Magnata Grego*. Certa vez, quando estávamos indo para Boston, Renée me fez dirigir por horas fora do caminho pela Rota 3 até Hyannis, pois estava determinada a comprar óculos e uma echarpe ao estilo Jackie para usar na cabeça. Garanti a ela que Hyannis era literalmente o último lugar no planeta onde Jackie Kennedy teria considerado comprar roupas, já que é uma cidadezinha litorânea caída. Porém não foi possível convencê-la. Chegamos a Hyannis e fomos para as lojas de 1,99. Não sei como, mas Renée encontrou exatamente os óculos e a echarpe que havia imaginado. Os óculos eram pontudos nas beiradas; a echarpe era multicolorida e *mod*. Ela os usou durante todo o trajeto até Boston, todas as três horas, com a echarpe ao redor da cabeça, fazendo expressões trágicas pela janela.

Jackie é a viúva mais famosa de todos os tempos, jovem ou velha. É a nossa Elvis, a nossa Muhammad Ali dos viúvos. Eu já era obcecado por ela antes, mas agora passara do ponto. Não parava de ouvir o primeiro álbum dos Pogues, *Red Roses for Me*, só por causa do título – Jackie disse certa vez que essas foram as últimas palavras que passaram por sua cabeça em Dallas, antes dos tiros, ao olhar para as pessoas que seguravam rosas na multidão e pensar: "Que curioso, rosas vermelhas para mim".

As pessoas se lembram dela – bem, vamos parar por aí. A maioria de nós nem tinha nascido. Não "nos lembramos" dela nem estamos pegando as memórias de segunda mão do pessoal mais velho que *estava lá* na época. Inventamos as nossas lembranças a respeito dela baseados em símbolos, como a foto no Air Force One com o vestido ensanguentado, a saudação no funeral e assim por diante, incluindo o disco documental que encontrei. Para muita gente, Jackie é um símbolo de aprumo em meio ao luto, e, já que tinha 34 anos na época, também um símbolo de juventude. É esquisito como, às vezes, você escuta gente divorciada reclamar que preferiria ser viúvo. Se você é viúvo, não é engraçado ouvir as pessoas dizerem isso, mas não quero julgar – o amor morre de maneiras diferentes, e é natural que a grama do vizinho pareça mais verde. Porém, não é uma competição; há dor de sobra a ser distribuída. Essa gente apenas não sabe – e por que saberia? – que a viuvez não é digna. Ela é, sim, degradante o suficiente para arrancar de você cada pedacinho de dignidade que você se enganava pensando ter, e que, naquele momento, Jacqueline Kennedy se fez de tola em público repetidamente. As pessoas projetam todo tipo de força e dignidade nela, mas ela estava péssima, e, em parte, é por isso que a idolatro.

Jackie só se mudaria da Casa Branca seis semanas após o assassinato. Um incidente totalmente esquecido hoje, mas que, na época, foi um escândalo nacional. Os Johnsons estavam tentando assumir o controle da Casa Branca e os papéis de presidente e primeira-dama, mas tinham de lidar com a viúva que se recusava a sair do antigo quarto. Não tinham como expulsá-la dali, mesmo quando Harry Truman ligou para LBJ para lhe dizer que precisava se livrar dela e reclamar a maldita Casa Branca para si. Lady Bird foi tremenda ao dizer: "Eu queria poder servir ao conforto da Sra. Kennedy; fico contente por, pelo menos, servir à sua conveniência". Entretanto, Jackie não ia embora. Seis semanas! Não muito "aprumado" da parte dela, não é mesmo? Talvez ela soubesse que estava sendo rude; não nasceu num celeiro. Mas mesmo assim o foi. Ultrapassou os limites das boas maneiras, da dignidade, do bom gosto e da bondade humana básica, afinal o que mais ela poderia fazer? Para onde ela iria? Como chegaria lá? Aonde levaria os filhos? Como encontraria um novo lugar para viver? Como pagaria por ele? Ela acumulava decisões a tomar e não tinha tempo de tomá-las. Nisso ela falhou. A história deixou para lá, mas é um dos meus momentos mais estimados de Jackie.

Jackie tomou muitas outras decisões questionáveis, dependendo em quais biografias duvidosas você acredita. Teria ela dormido com seu segurança do Serviço Secreto? Teria ela dormido com Bobby Kennedy, Sinatra, Brando ou o arquiteto que desenhou a biblioteca de JFK? Se não dormiu, por que diabos não? Você não teria dormido? Teria Ethel Kennedy convidado Angie Dickinson para se sentar na primeira fila do funeral de Robert só para se vingar de Jackie por ela ter ficado de mãos dadas com Bobby no funeral de JFK, uma vez que JFK dormiu com Angie na noite de sua posse? Aparentemente, durante os primeiros meses, Jackie bebia até dormir. O que quer dizer... o quê? Que ela conseguia dormir? Justo. Eu tentei beber até dormir também, mas não deu certo. Só ficava bêbado mesmo, ouvindo o tilintar dos cubos de gelo que derretiam. Estar bêbado era um saco, mas eu gostava do tilintar e esperava que bourbon o bastante cumprisse o objetivo, então bebia muito. No entanto, como o bourbon me fazia sentir muita falta de Renée, o troquei por uísque irlandês Bushmills, mas ainda sentia falta de beber com Renée e ainda ficava acordado.

O disco documental de Jackie começa com o narrador anunciando: "No dia 22 de novembro de 1963, uma sexta-feira, às 12h55min, Jacqueline Bouvier Kennedy começou a passar por um calvário sem precedentes na história da humanidade!". Foi certamente feito às pressas e com baixo orçamento, sendo o mesmo ator a fazer os mesmos sotaques para os embaixadores indianos e africanos. Uma voz francesa a proclama "*charmante!*", com um acordeão de fundo. Alguém recita um poema ("O grito terrível da arma do assassino/ A transformou em viúva para sempre") em que "*prayer*" ["oração"] rima com "Bouvier". O LP cobre o relâmpago de 80 horas da tarde de sexta-feira, quando o assassinato aconteceu, à tarde de segunda-feira, quando o funeral terminou e a história acaba. Nessa versão, o funeral é o final feliz: "Nunca antes um calvário tão árduo foi encarado com tamanha graça e compostura como as demonstradas por Jackie Kennedy ao longo das circunstâncias trágicas que se abateram sobre ela tão abrupta e atrozmente".

Passei a estimar esse disco como se fosse de rock 'n' roll, como se fosse o álbum de estreia de Jackie Kennedy, o maior sucesso de uma estrela pop dos anos 60 espetacularmente fodida. Tenho a noção de que ela não "lançou" esse álbum. Não o autorizou, nem o produziu, nem o endossou, nem nada assim. No entanto, eu o ouço como um disco de Jackie, um pop de diva dos anos 60 perfeito, à altura de Dusty Springfield ou Ann-Margret. É um disco pirata de sua autoria contra sua vontade, roubado dela como seu marido, fora de seu controle, na grandiosa tradição de grupos femininos de estrelas que são capturadas e manipuladas por um produtor megalomaníaco, mais ou menos como aconteceu com Ronnie e Phil Spector.

Coloquei meu disco de Jackie sobre o fogão na cozinha para poder olhar para ele o dia todo. Deixei no plástico de proteção para que não ficasse sujo de comida. Como eu não cozinhava nada além de massa, com molho de tomate pronto, havia pequenas manchas vermelhas por todo o plástico. Eu gostava dessas manchas vermelhas, ainda que me sentisse culpado por não limpá-las. Quando eu recebia amigos, tirava o plástico e Jackie então aparecia imaculada no sofá entre as cortinas brancas. Quando meus amigos iam embora, eu colocava o plástico de volta, fazendo-a ficar manchada de sangue, corrompida pela morte, corrompida por estar viva enquanto seu marido estava morto, corrompida por saber mais do que deveria sobre a morte.

Também tenho o exemplar antigo da minha avó de uma revista em homenagem a ela, *Jacqueline Kennedy: Woman of Valor*. A edição especial diz: "O apetite da Sra. Kennedy, nunca robusta, voltou". Havia muita fofoca de viúva nessa revista que me fazia pensar, especialmente sobre o paradeiro da aliança. Ela colocou na mão do marido morto no hospital? Se sim, como a obteve de volta? Ela foi fotografada sem aliança? O que a família dele achou disso? Depois que ela voltou a usá-la, quando foi que parou de usar? Estudei essa e as outras revistas do meu santuário Jackie:

Screen Stories, abril de 1965: "Jackie Suplica, Se Vocês Me Amam, Por Favor, Me Deixem Em Paz!". A matéria aponta que "muita gente se perguntou por que ela não foi ao túmulo dele no período natalino".

TV and Screenworld, março de 1970: "Exclusivo: A Guerra de Gastos de Liz e Jackie!". A abordagem da matéria é a seguinte: "As duas mulheres mais ricas e glamourosas do mundo estão travando a batalha mais cara da história". Liz comprou o diamante Krupp de 1,05 milhão de dólares que Jackie queria para seu aniversário de 40 anos; Jackie então teve de se contentar com os brincos de ouro "Apollo 11" de 40 mil dólares, presente de Aristóteles Onassis, com formato de lua e espaçonave. Segundo a matéria, "Jackie, sempre pronta com a palavra certa, brincou com a atriz Katina Paxinou: 'Ari, na verdade, pediu desculpas. Mas me prometeu que, se eu me comportar, no ano que vem me dará a própria lua!'".

Eu mergulhei nessas porcarias sobre Jackie como se estivesse estudando com um mestre do kung fu. Se eu aprendi alguma coisa? De jeito nenhum. Todas as coisas que você *quer* aprender com o luto acabam sendo o total oposto daquilo que você *de fato* aprende. Não há revelações, não há sabedorias em troca das coisas que você perdeu. Você só se torna mais estúpido, mais egoísta. Mais frio e mais sombrio. Esquece as chaves. Sai de casa e entra em pânico, com medo de não se lembrar de onde mora. Sabe menos do que nunca. Não para de cruzar barreiras de luto e pensa que talvez a próxima vá revelar alguma verdade sublime e extrema sobre a vida e a morte e a dor. Porém, do outro lado dessa barreira, há apenas mais sofrimento.

A cada dia 11, minha amiga Elizabeth me dizia: "Bem, passamos por mais um mês. Agora conseguimos ela de volta?". Sempre ríamos, mas esperávamos de verdade tê-la de volta. Não é humano largar o amor, mesmo quando ele está morto. Esperávamos que um desses mesversários fosse o Último Adeus. Concluíamos que havíamos feito todas as nossas despedidas e derramado todas as lágrimas que tínhamos para derramar. Passamos no teste e recuperaríamos o que perdemos. Porém, em vez disso, cada mesversário doía mais, e ela parecia cada vez mais distante de voltar. A ideia de que não haveria um último adeus – que já era um adeus difícil de dizer e, àquela altura, ainda impossível. Detetive nenhum precisa te dizer que é um longo adeus.

Você diz a si mesmo que vai chegar ao fim disso tudo, mas não há linha de chegada, só mais portas a serem cruzadas, mais despedidas a serem feitas. Sabe a música dos Smiths "Girlfriend in a Coma"? No fim dela, Morrissey sussurra seu último adeus. Eu adorava essa parte; hoje, esse verso me faz rir. Ah, claro, você *pensa* que é seu último adeus. Ele não faz ideia de quantos mais estão por vir. Boa sorte, garoto.

Ralph Waldo Emerson sabia das coisas: "Lamento que o luto não possa me ensinar nada". Isso é de "Experience", seu ensaio tardio sobre a perda humana e a morte de seu filho. Há muita coisa de sangue frio nesse ensaio, e, no inverno seguinte à morte de Renée, eu o li repetidas vezes. Sempre precisei parar para quebrar a cabeça contra esta sentença: "Lamento que o luto não possa me ensinar nada". Eu esperava que fosse mentira, mas não era. O que quer que eu aprenda com essa dor, nada vai me deixar mais próximo do que eu quero, que é Renée, que se foi para sempre. Nenhuma das minhas lágrimas vai trazê-la para mais perto de mim. Posso encaixar outras coisas no espaço antes ocupado por ela, mas independentemente de eu escolher ou não fazer isso, sua ausência nesse espaço é permanente. Não importa o quão bom eu me torne em ser viúvo de Renée, não vou ser promovido a marido dela de novo. A perda não vai embora – só se torna maior quanto mais tempo você olhar para ela.

O mesmo acontece com quem diz: "O que não te mata te torna mais forte". Até as pessoas que falam isso devem se dar conta de que o exato oposto é o verdadeiro. O que não te mata te dilacera, te aleija, te enfraquece, te torna reclamão e cheio de si ao mesmo tempo. Quanto mais dor, mais pomposo você se torna. O que não te mata te torna incrivelmente irritante.

Em parte, é por isso que idolatro Jackie. Ela simplesmente seguiu com a história. Depois que ela morreu, foi direto para o topo das paradas como a segunda pessoa morta mais famosa do mundo. Jackie não tinha empresário, mas se tornou diretamente a viúva nacional, assim como Elvis continuou a ser o Rei após morrer, com um coração lendário cheio de afeto pelos EUA e por todos os anônimos enlutados do país. Ela é a dona do nome Jackie de um jeito que seu marido nunca pôde ser dono do próprio nome. Quando se diz Jack, a maioria das pessoas provavelmente pensa em Nicholson, o mais perto que há de um Jack padrão na cultura pop americana, mas Jackie é de Jackie Kennedy, apesar dos cavalheiros de sobrenome Robinson, Chan, Stewart ou Earle Haley. Quando Tammy Wynette morreu, a Nashville Network exibiu um tributo no qual o cantor Marty Stuart refletiu: "Aposto que ela está com Jackie O. neste exato momento". Achei algo chocantemente belo de se dizer. Tammy e Jackie não vinham exatamente da mesma vizinhança. Em vida, Jackie não foi o que se chamaria de garota do interior; Loretta Lynn cantou sobre ela como uma celebridade esnobe no hit de 1970 "One's on the Way". Tenho certeza de que Tammy pensava o mesmo. Porém, na morte, Jackie pode ser qualquer coisa que queiramos que ela seja, até mesmo uma estrela do country. Ela tem sangue vermelho no vestido cor-de-rosa, mas é indomável e azulada.

POLINDO E ESCOVANDO

DEZEMBRO DE 1998

Quando você quer começar a viver, o que você faz? Como começa? Para onde vai? Em quem você precisa mamar?

Eu queria começar. Já era alguma coisa. Mas o que você faz com um desejo desses? Eu não sabia, então não fiz nada. Já era viúvo há mais de um ano, sendo que o segundo foi mais difícil que o primeiro. Eu não tinha feito nada em 1998 e tampouco tinha ambições para 1999, exceto que o ano terminasse o mais rápido possível. Ao receber mais um ano que Renée não recebeu, meu plano era desperdiçá-lo. Não movi uma palha para melhorar as coisas. Só fiquei sentado no meu quintal vazio. O planeta Terra era azul, não havia mais o que fazer de norte a sul. O planeta Terra era pink, não havia mais nenhum drink.

Busquei conforto espiritual em *Prisão do Inferno*, provavelmente o melhor filme de prisão feminina lançado direto para o VHS no início dos anos 90. Brigitte Nielsen é Magda Kassar, a carcereira sádica. Veja, após a queda do comunismo, há prisões vazias no Leste Europeu, então os carcereiros sarcásticos precisam de prisioneiros novos. É aí que entram as garotas americanas inocentes. Garotas americanas inocentes que adormecem tolamente em trens, permitindo aos agentes de Brigitte Nielsen plantarem drogas nas suas bagagens e armarem batidas falsas para que ela possa tirar o cabelo da frente dos olhos delas com uma chibata (todas as carcereiras sádicas têm uma para lidar com prisioneiras insolentes com cabelos sobre os olhos) e murmurar: "Mmmm – sua pele é tão rosada". Isso tudo nos primeiros cinco minutos. Passavam muito esse filme no canal USA lá pelas 3h da manhã, quando todo mundo que tinha um motivo ou um jeito de adormecer já tinha se retirado e só restávamos nós, os prisioneiros, que assistiam de suas celas.

Eu assistia a *Prisão do Inferno* ou a algum outro filme e me deitava no sofá, na esperança de adormecer. Se eu tentasse ir para a cama, hiperventilava e meu coração começava a bater rápido demais, até que eu precisasse respirar num saco de papel. Quanto pior o filme, mais ele me animava. Fiquei grato por me deparar com *Witchblade*, que trazia Julie Strain como uma criatura das trevas que se alimenta do sangue de gângsteres. Ou seria *Witchboard 2: The Devil's Doorway*? Já sei – era *Witchcraft IV: The Virgin Heart*. Há uma cena em que um dos gângsteres pergunta: "Que horas são?", e o outro responde: "Qual é, eu pareço o Big Ben? Eu sou suíço? Estou fazendo tic-tac?". Voltei a hiperventilar de bom grado, só para abafar os diálogos. Se tivesse sorte, cairia no sono antes do amanhecer; se não, sabia que havia pelo menos outros três filmes de *Witchcraft* por aí.

Numa dessas noites, decidi que também estava tendo uma embolia pulmonar. Não havia outra explicação para o que eu estava sentindo. Esperei até as 6h, quando imaginei que o pronto-socorro estaria funcionando. Bebi um pouco de bourbon, concluindo que aquilo iria frear o ataque cardíaco ou então me deixar desajeitado demais para morrer direito. Vasculhei as caixas no banheiro à procura de algum tipo de medicação que poderia ser útil e encontrei uns Stelazines[29] de 1986. Assisti à MTV a noite toda e não larguei o saco de papel, até que, num dado momento, liguei o "foda-se" e fui caminhando até o hospital, já que estava frio demais para dar partida no carro. Se não estivesse aberto, eu iria apenas esperar na fila. Caminhei pelos trilhos do trem, segurando o saco de papel numa mão e uma almofada contra o peito na outra, com a aurora sobre a minha cabeça, e me sentei na sala de espera. A Dra. Lutz foi incrivelmente bondosa comigo. Tão bondosa, que eu quis chorar de humilhação por estar tomando o tempo dela sendo que só a decepcionaria, da mesma forma que decepcionava todas as outras pessoas que tentavam ser gentis comigo. Tudo o que ela iria tirar disso era um lembrete de que não vale a pena ser bondoso com certas pessoas, pois elas não têm nem a inteligência nem o poder de fazer algo para si mesmas a partir dessa bondade. Porém ali estava eu com fios elétricos ligados ao meu peito, e era tarde demais para protegê-la de mim.

Meu eletrocardiograma provou que eu não estava tendo uma embolia pulmonar. O resultado foi, na verdade, tão bom que os médicos o mostravam uns aos outros e elogiavam, como se eu tivesse acabado de fazer a minha primeira pintura a dedo. "Você passou por algum estresse ultimamente?", perguntou a Dra. Lutz. "Hummm...", comecei. Ela me mandou para casa com um punhado de Xanax, um frasco de Mylanta e a minha

[29] Nome comercial da trifluoperazina, medicamento antipsicótico. (N. do T.)

palavra de que eu iria me esforçar um pouquinho mais para fazer algumas mudanças. Isso foi um começo. Caminhei pelos trilhos do trem e fui para casa. Isso também foi um começo.

O Natal estava chegando. Todo mundo da minha família estava temendo essa época, então decidimos debandar para a Flórida. Poderíamos nadar na piscina e beber margaritas no boliche Astro-Lanes, em Nokomis, e animar uns aos outros até que fosse seguro retornar para o mundo. Era um plano realmente excelente. (O Natal é a "Hey Jude" dos feriados – a cada cinco anos, com um terço da duração, seria uma ideia perfeitamente simpática.)

No voo para Tampa, observei um casal de idosos na fileira ao lado fazer palavras cruzadas juntos. Fiquei de olho neles ao longo de todo o voo – eu detesto palavras cruzadas, mas detesto aviões mais ainda. Ele era muito mais lento do que ela. A visão dela parecia melhor, então lia as dicas em voz alta e batucava impacientemente a mesinha dele enquanto ele dava seus palpites. Ele falava muito devagar e alto. A ideia de que Renée e eu nunca seríamos aquelas pessoas me deixou furioso, de modo que pude sentir meu coração bombear com raiva contra o meu peito. Depois de chegar ao aeroporto de Tampa, senti-me melhor. As paredes eram de um laranja-claro bem setentista, como o uniforme dos Houston Astros na época em que J. R. Richards era o lançador do time e tudo parecia brilhante e animado. Senti-me ainda melhor quando me encontrei com minhas irmãs e meus pais no aeroporto. Percebi que estava faminto por um pouco de cor e barulho, que era bem o que eu teria ali.

Minha irmã Tracey estava grávida, seria o primeiro neto da família. Era muito empolgante. Presumimos que ela estivesse fazendo isso para nos dar entretenimento. Só por diversão, Ann explicou o que era uma episiotomia. Ann é professora de Biologia, uma profissional na explicação dessas coisas – profissional o suficiente para fazer toda a cor do rosto de Tracey desaparecer. Tracey, de pé dentro da piscina, balançava a cabeça enquanto Ann e Caroline nadavam ao seu redor, assentindo. Tracey se virou para mim e disse: "Rob? Não é verdade, é?". Mas ela que me incluísse fora dessa. Tracey estava lendo um livro chamado *O que esperar quando você está esperando*. Falei que deveriam fazer uma edição especial para ela intitulada *O que exigir quando você está exigindo*. As garotas se alternaram em rodadas de "como exaurir quando você está exausta" e "quem enlouquecer quando você está enlouquecendo". Foi muito divertido. Não nos tornou melhor nem nada assim, mas foi um começo.

Tracey surpreendeu seu marido, Bryant, com um mix em CD de presente de Natal. Foi o primeiro mix em CD que nós vimos, então nos reunimos para observá-lo boquiabertos. Definitivamente, havia uma sensação de que a mixtape como a conhecíamos estava passando por uma mudança importante. Ela intitulou o CD *Mackey Music* e colocou nele suas músicas favoritas de Shawn Mullins e Garth Brooks, com uma foto de Bryant na capa. Ficamos todos loucamente impressionados com esse avanço tecnológico e viemos a conhecer o mix extremamente bem quando ele entrou em alta rotatividade à beira da piscina. Porém, uma vantagem clara das mixtapes se revelou de imediato: cada lado de uma fita tem 45 minutos e então é interrompida, o que serve de oportunidade para alguém discretamente trocar a música, ao passo que um CD tem um único lado. Isso significa que ele toca por 80 minutos e você não pode tirá-lo na metade sem alguma desculpa esfarrapada do tipo: "Garth está cantando sobre cocaína nesta música e isso faz mal para o bebê" ou "Dave Matthews está misturando solos de violino com solos de saxofone e isso faz mal para o bebê".

A casa estava fria quando voltei da Flórida. Eu me dei conta de que a casa era sempre fria e ia permanecer fria por quanto tempo eu continuasse ali. Eu sou suíço? Estou fazendo tic-tac? Às vezes.

Para sair da minha casa fria, fui a uma festa de Ano-Novo na casa de Darius na mesma noite em que fiz essa fita. Geralmente, eu inventava qualquer desculpa para não sair de casa, então, ir a uma festa foi um grande passo para mim. Peguei carona com a Glimmer Girl, uma amiga minha baixista. Glimmer chegou a Charlottesville só depois da morte de Renée, e eu gostaria que elas tivessem se conhecido – teriam balançado o rabo uma para a outra –, mas nunca tiveram essa chance. Glimmer era brilhante em me tirar de casa. Ela sempre fazia eu me sentir seguro, algo com o qual eu não estava acostumado perto de outras pessoas. Acho que ela e o namorado costumavam brigar bastante, então ela sempre ligava para o meu programa de rádio para pedir músicas tristes, como "Dry", da PJ Harvey. Ela me convencia a ir ver bandas no Tokyo Rose, e, depois que eu me forçava a sair de casa, geralmente era divertido ficar com a turma glamourosa de *glimmerettes* dela. Se fosse demais para mim, eu simplesmente saía sorrateiro, e a Glimmer Girl nunca me perguntava o motivo.

Essa noite foi divertida. Dançamos ao som de discos antigos de disco music e eu fiquei extremamente feliz em ouvir "Last Night a DJ Saved My Life". Ela nunca tinha escutado essa música e se surpreendeu com o quanto eu me empolguei. Nós nos sentamos nas escadas na frente da casa e fumamos. Em dado momento, me inclinei para acender o cigarro dela, mas ela estava apenas aplicando brilho labial.

Ela e o namorado me deram uma carona para casa. Eu não estava com vontade de ir dormir sozinho e passar frio na cama, então preparei café e comecei a fazer essa fita. Decidi fazer a fita e então me sentar no quintal para ouvi-la no Walkman enquanto bebia mais cigarros e fumava outro bourbon. Eram apenas 2h da manhã. Como eu terminei a fita às 4h, daria tempo de ouvi-la duas vezes antes de o sol nascer às 7h. A cadeira no quintal estava coberta de gelo, mas me sentei nela mesmo assim.

Esse é um exemplo clássico de fita que tenta arruinar uma porção de grandes canções ao te lembrar de um tempo que você preferia esquecer. Às vezes, grandes canções acontecem em épocas ruins – e, quando elas passam, nem todas as canções seguem em frente com você. (Fiz outra fita naquele verão que começava com "Mother of Pearl", do Roxy Music, uma das minhas músicas favoritas desde os meus 16 anos, mas não consegui ouvi-la desde então. Aquela fita era tão agonizante, que levou todas as outras músicas para o buraco com ela. "Banana Split for My Baby", de Louis Prima? Ora! Grande tema! Mas, arruinado.)

Individualmente, todas as músicas nessa fita me fazem sorrir, mas, colocadas nessa ordem, me dão arrepios. Ouvir essa fita era como voltar a um lugar ao qual nunca pertenci em primeiro lugar, e é assustador entrar nele na ponta dos pés. Um monte de canções tristes: "SOS", "I Just Don't Know What to Do with Myself", "No More No More", "She's So Cold". Stevie Nicks, em "Gold Dust Woman", entoando "*widow*" ["viúva"] repetidamente. Mick Jagger, em "Emotional Rescue", desdenhando de uma pobre garota aprisionada na casa de um homem rico. Até as canções divertidas soam miseráveis aqui. Em qualquer outro contexto, "Magic Man", do Heart, incendeia meus glóbulos sanguíneos com imagens de abundância erótica. Ann Wilson? Amo! Nancy Wilson? Gosto demais! A capa do álbum delas na qual estão usando capas e alimentando um bode nos pastos de seu próprio mundo onírico da Planície de Salisbury? Sou totalmente a favor. Porém, nessa fita, "Magic Man" é assustadora. O "homem mágico" só é mágico porque é *irreal*. Ele, com certeza, está apaixonado por alguém morta, então é mágico demais para se encaixar neste mundo real. Está isolado de todos ao seu redor e seu isolamento é contagioso, o que o torna um vampiro que transforma todo mundo que toca numa casca fria de humanidade abandonada. Sim, até mesmo as senhoritas lustrosamente peitudas do Heart!

(Só agora me dei conta de que a letra dessa música tem tudo a ver com drogas. É constrangedor que eu nunca tenha percebido isso antes.)

Não vão para casa com o homem mágico! Eu queria sacudir o Walkman, alertar as garotas do Heart para que fugissem. Não confiem nele! Ele pode ser mágico, mas não é muito legal! Ele diz que só quer chapar um pouco, mas vai deixar vocês tão chapadas, que não vão conseguir mais voltar. Ele vai fazer vocês ficarem dentro da casa por tanto tempo que seus olhos vão doer ao sair, então vocês vão passar anos inteiros definhando na mansão dele. Vocês vão perder a noção do tempo. Vão perder o apetite. Quando sua mãe chamar ao telefone, não vão entender uma só palavra dela. Vão simplesmente dizer a ela que "tente entender". E a Sra. Wilson não vai cair nesse papo furado. Ann! Nancy! Deem o fora daí! Um sorriso do homem mágico e já era. Vocês serão tão mágicas, que não serão mais reais. Ele vai até atear fogo no brilho labial de vocês.

Eu esperava que a Glimmer Girl e seu namorado estivessem dormindo em algum lugar, jovens, seguros e juntos. Esperava que estivessem respirando pesado nos cabelos um do outro. Esperava que os pés dela estivessem batendo nas canelas dele. Esperava que estivessem dormindo e não pensando em nenhuma das coisas nas quais eu estava pensando, e esperava que eles nunca pensassem nelas. Ouvi a fita duas vezes do início ao fim e então corri para dentro da casa fria antes que o sol começasse a nascer. Se eu esperasse a casa se aquecer para tentar começar alguma coisa, nunca começaria nada.

OURO DAS BLUE RIDGE

ABRIL DE 2000

A LADO A DATA/HORA	**B** LADO B DATA/HORA
Perez Prado: "Why Wait"	Glen Campbell: "Wichita Lineman"
Elvis Presley: "Moonlight Swim"	Nico: "These Days"
Ray Charles: "Wichita Lineman"	Merle Haggard: "I Take a Lot of Pride in What I Am"
Nan Vernon: "Moon River"	Santo & Johnny: "Sleepwalk"
The Standells: "Riot on Sunset Strip"	Dressy Bessy: "Jenny Come On"
Nancy Sinatra: "These Boots Are Made for Walkin'"	Sweet: "Wig-Wam Bam"
April Stevens: "Teach Me Tiger"	Shirley Ellis: "The Clapping Song"
Kyu Sakamoto: "Sukiyaki"	Louis Prima and Keely Smith: "That Was a Big Fat Lie"
The Shadows: "Spring Is Nearly Here"	Ella Mae Morse: "The House of Blue Lights"
Neil Diamond: "I Am . . . I Said"	The Rooftop Singers: "Walk Right In"
Dean Martin: "Everybody Loves Somebody Sometime"	Gloria Wood: "Hey Bellboy"
The Dave Clark Five: "Catch Us If You Can"	Petula Clark: "A Sign of the Times"
The Shangri-Las: "Bulldog"	Nellie Lutcher: "Fine Brown Frame"
Louis Prima: "My Conchetta"	The Quin-Tones: "Down the Aisle of Love"
Glen Campbell: "Gentle on My Mind"	Rosie and the Originals: "Angel Baby"
The Tornados: "Telstar"	
Stereo Total: "Supergirl"	
John Denver: "Thank God I'm a Country Boy"	
The Three Suns: "Delicado"	

C*erta noite, tive uma espécie de revelação.* Eu estava acordado até tarde, como de costume, sem conseguir dormir, bebendo *ginger ale* e zapeando a TV à procura de algo para acalmar os nervos, assim como um panda do Discovery Channel recolhe bambu. Dessa vez, encontrei algo – uma reportagem de natureza extraordinária passada em Milwaukee. Assisti maravilhado e reverente. A matéria falava sobre um anão dos nachos. Era o anão dos nachos mais famoso e bem-sucedido de Milwaukee – talvez do mundo. Seu trabalho era percorrer um restaurante mexicano usando um sombrero tamanho gigante com a aba cheia de saborosos nachos. No centro do sombrero, um recipiente com molho. O anão dos nachos recebia os clientes, cumprimentava-os, comandava o salão. Ele convidava a todos a provar as delícias que levava na cabeça. Estava ali para servir. Estava ali para honrar o código dos anões dos nachos.

Compreensivelmente, vários anões consideravam esse trabalho degradante e ofensivo. Steve Vento (esse era seu nome), artista de restaurante (esse era seu ofício), discordava. Proclamava-se orgulhoso de ser um anão dos nachos. Porém outros anões reclamavam raivosamente que ele estava perpetuando estereótipos inumanos e incentivando os maus-tratos com anões que não fossem dos nachos. De fato, estavam protestando contra o restaurante, exigindo um boicote até que a ideia do anão dos nachos fosse dispensada.

Assisti com um fascínio intenso. Passaram um trecho do filme *Johnny Bom de Transa*, com Anthony Michael Hall, que aparentemente tinha uma cena de festa que inspirara toda essa história de anão dos nachos. Mostraram o advogado anão que representava os manifestantes e também o anão dos nachos em pessoa, que defendia sua profissão. Ele sugeriu que talvez os outros anões estivessem apenas com um pouco de inveja por não possuírem o talento para ter êxito como anões dos nachos. Ressentiam-se de seu sucesso, então tentavam deixar um companheiro desamparado e na sarjeta. Ora, estavam tirando a comida da sua boca!

"Não estamos tentando tirar a comida do Sr. Vento", disse o advogado. "Estamos meramente tentando tirá-la de cima de sua cabeça."

E então, caros amigos, ao ouvir tais palavras, uma lâmpada se acendeu na minha mente. Um tipo de revelação divina começou a surgir diante dos meus olhos e uma voz passou a articular para mim a terrível verdade: eu precisava sair mais do apartamento. Não, eu precisava *muito* sair mais do apartamento.

Talvez fosse hora de pensar em sair de Charlottesville. Eu adorava a cidade, mas precisava fazer algumas mudanças sérias, e ali não era o lugar para fazê-las. Era difícil demais viver cercado por tanto passado. Eu precisava ir embora. E eu queria sair andando antes que me fizessem correr. Havia muita coisa acontecendo ali que eu não podia compartilhar com Renée, e, se eu ia continuar vivendo, precisava seguir em frente para um novo lugar. Charlottesville seria para sempre o lugar dela. E eu queria que assim fosse.

Eu tinha novos amigos em Charlottesville que não conheceram Renée, embora todos já tivessem ouvido histórias sobre ela antes que eu tivesse a oportunidade de mencioná-la pela primeira vez. Era agridoce fazer amigos que nunca puderam conviver com ela, especialmente quando eles eram tão legais, que me faziam lembrar dela. Era meio como a música "Maureen", da Sade, em que ela fica triste porque sua amiga morta não pode conhecer seus novos amigos. Eu sabia que precisava aprender a etiqueta de quando era um bom momento para contar histórias sobre Renée aos outros e quando era traumático demais para eles ouvirem a respeito dela. Não queria assustá-los. Estava tentando aprender um pouco da *finesse* social de Renée, lembrar-me da forma como ela deixava as pessoas tranquilas e as fazia se sentirem livres. Esse nunca foi o meu departamento, mas eu tentei melhorar nisso.

Eu tinha uma rede de apoio em Charlottesville, da qual parecia loucura me afastar, e fui grato por ter ficado tanto quanto fiquei, mas era hora de ir embora. A maioria dos meus amigos estava agora em Nova York, então decidi ir para lá, embora amigos de outras cidades tenham feito *lobby* – Stephanie ligou de São Francisco e leu os anúncios de aluguel até a fita da secretária eletrônica acabar. Organizei uma prateleira do adeus, onde coloquei coisas das quais precisava me livrar. Se algo ficasse na prateleira do adeus por alguns dias e eu ainda sentisse uma pontada ao vê-la, então ainda não era hora de essa coisa ir.

Dei adeus à nossa cachorra Duane (que doei) e à nossa banda favorita, o Pavement (que acabou[30], mas cujos membros fizeram álbuns solo excelentes). Duane passou seu último ano comigo latindo e uivando, desejando estar em qualquer outro lugar que não ali; o Pavement passou a última turnê brigando. Nos últimos shows, houve relatos de que os membros da banda usaram algemas no palco como símbolos de sua frustração. Cada adeus vinha acompanhado de diferentes níveis de alívio, culpa e confusão, então eu os adiava pelo máximo de tempo que conseguia. No entanto, cachorros precisam correr livres, bem como guitarristas. Não era certo segurá-los. Eu ainda tinha muitas despedidas pela frente: lugares, pessoas, árvores e estações de rádio.

Para todos nós que amávamos Renée, houve muitas despedidas. No casamento da minha amiga Amanda, naquela primavera, duas das melhores amigas de Renée tiveram um pequeno surto no banheiro feminino quando viram que ambas estavam usando shorts de ciclista debaixo dos vestidos chiques para evitar o atrito entre as coxas, truque que elas haviam aprendido com Renée. Ficaram no banheiro e choraram enquanto os maridos se perguntavam o que estava acontecendo. Houve muitos momentos como esse para todos nós – encontros com roupas, com o beisebol, com livros, com música. De anos em anos, eu comprava um velho disco dos Stylistics e pensava: "Cara, esses caras eram ótimos, faz muito tempo". Chego em casa, vou até a metade do lado A e então guardo o disco na pilha de Qualquer Coisa, porque Renée os adorava e é difícil demais. Talvez no ano que vem,

---

30 Este livro foi publicado originalmente nos EUA em 2007, e a primeira reunião do Pavement aconteceu em 2010. (N. do T.)

talvez não. Eu também presumia que nunca seria capaz de voltar a ouvir Replacements, mas aí fiz uma nova amiga no verão de 1999 que usava um bracelete com o nome de Paul Westerberg. A música favorita dela era "Unsatisfied", que ela me devolveu sem saber, e, em pouco tempo, eu já amava essa canção tanto quanto antes. Nunca se sabe.

Quando amigos de Nova York vinham me visitar, ficavam intrigados com meus gostos deploráveis de rádios no carro. Eu me tornara viciado na AM 1600, a Cavalier Memories, uma estação congelada no ano de 1963, que me mantinha são na estrada com uma trilha sonora constante de Nancy Sinatra, Ray Charles e as Shangri-Las. Parecia tocar "Moon River" a cada 40 minutos. Durante todo o fim de semana, dirigíamos pelas montanhas escutando a Cavalier Memories, onde ouvimos a maior parte das músicas dessa fita. Depois que eles iam embora, eu lhes mandava uma cópia da fita como um souvenir das Blue Ridge. Decidi que essa era minha nova mixtape favorita. Andei com ela por aí ao longo de toda a primavera. Fiz sequências: *Platina das Blue Ridge*, *Veludo das Blue Ridge*, *Prata das Blue Ridge*, *Azul-Turquesa das Blue Ridge*.

A Cavalier Memories era a única estação que Renée e eu conseguíamos pegar no velho LeBaron, que não tinha FM. Porém, agora que eu tinha um carro novo com um rádio que funcionava, queria só voltar para os meus amigos de antigamente na AM 1600. Meu apetite por esse tipo de música estava a todo vapor. Sempre que eu estava no carro, ouvia todas essas grandes canções que nunca havia apreciado devidamente antes. Tenho certeza de que assustei algumas pessoas em cruzamentos toda a vez que, parado num sinal vermelho, cantava "I Am... I Said" a plenos pulmões usando o retrovisor de microfone.

É agridoce conhecer canções que nunca pude compartilhar com Renée. Quer dizer, uma coisa era fazer novos amigos e ter de explicar a eles quem era Renée, o quanto ela era legal e o quanto ela adorava Ricky Nelson, Shania

Twain, Biggie Smalls e assim por diante. Sempre imaginei que isso fosse acontecer, já que existem tantos bilhões de pessoas novas. Porém fazer novas amizades com canções era uma surpresa solitária. Um dia, liguei o carro no estacionamento e ouvi "Gentle on My Mind", de Glen Campbell, canção que conheci a vida toda, mas nunca prestei atenção. Fiquei completamente apaixonado. Aposto que Renée adorava essa música. Nós nunca a ouvimos juntos, então não tenho como saber. Agora eu amava essa música e não havia como contar a ela. Eu me vi tentando iniciar desesperadamente uma conversa com a canção, me apresentar. "Você não me conhece, 'Gentle on My Mind', mas tenho certeza de que já conheceu a minha esposa. Deixe-me te contar uma coisa ou duas a respeito dela..."

Quando eu saía dirigindo pela cidade para resolver coisas ou só fugir de casa, cantava duetos em harmonia com uma parceira que não estava ali. Imaginava Renée no banco do passageiro vazio, cantando junto comigo. Que graça tem cantar uma música de Glen Campbell sozinho? Nancy Sinatra, Perez Prado, Ella Mae Morse, Dean Martin – meu retrovisor estava ficando cheio de tantos amigos. Eu estava desesperado para que todos eles conhecessem Renée. Era estranho voltar a se apaixonar por canções muito antigas, ou escutá-las pela primeira vez, e não poder ouvir Renée cantar junto.

Eu adorei essas canções, aprendi as melodias e as letras e as coloquei no coração para ficar. Não tinha ideia do que *fazer* com elas, mas elas estavam fazendo alguma coisa comigo. Eu tinha muitas despedidas pelo caminho. Ia levar tempo. Eu tinha tempo.

VIA VESPUCCI

DEZEMBRO DE 2002

A LADO A
DATA/HORA

- Elton John: "Mellow"
- John Lennon: "Oh My Love"
- Fairport Convention: "Tale in Hard Time"
- Gary Stewart: "Out of Hand"
- Lou Christie: "Two Faces Have I"
- The Dovells: "Bristol Stomp"
- Martha and the Vandellas: "No More Tearstained Make Up"
- Gary U.S. Bonds: "Quarter to Three"
- Ron Wood: "Mystifies Me"
- Jerry Butler: "For Your Precious Love"
- Elton John: "Dirty Little Girl"
- Beach Boys: "Johnny Carson"
- Jerry Lee Lewis: "Whole Lotta Shakin'"
- Everly Brothers: "All I Have to Do Is Dream"
- Five Americans: "Western Union"

B LADO B
DATA/HORA

- Stevie Wonder: "Golden Lady"
- Tom T. Hall: "I Miss a Lot of Trains"
- Lonnie Donegan: "Does Your Chewing Gum Lose Its Flavor (On the Bedpost Overnight)"
- The Monkees: "Daydream Believer"
- The Chordettes: "Mr. Sandman"
- Lou Christie: "The Gypsy Cried"
- Swingin' Medallions: "Double Shot (Of My Baby's Love)"
- Jive Five: "Hully Gully Calling Time"
- Ray Barretto: "El Watusi"
- Freddy Cannon: "Palisades Park"
- Chubby Checker: "The Fly"
- Joe Jones: "You Talk Too Much"
- Dion and the Belmonts: "Love Came to Me"
- Brenda Lee: "Sweet Nothin's"
- Tommy James & the Shondells: "Mirage"
- Merrilee Rush and the Turnabouts: "Angel of the Morning"
- Ohio Express: "Yummy Yummy Yummy"
- Fats Domino: "I'm Walkin'"

F*iz esta fita enquanto* me mudava para o meu novo apartamento no Brooklyn. A sala de estar tinha uma cristaleira, mas a enchi de fitas, em vez de pratos, esvaziando caixas e mais caixas de cassetes. Ainda não tinha terminado de desempacotar – quando eu terminar, será hora de me mudar de novo.

Uma das coisas que adoro no meu bairro é a loja de quinquilharias na Manhattan Avenue, que tem um porão cheio de vinis usados. A loja não tem nome nem placa na frente, mas, uma vez que você se aventura no porão, chega a um templo. Nunca vi tantos discos amontoados num mesmo recinto, do chão ao teto. Não estão em nenhuma ordem, então é um lugar para se passar um dia de inverno, escavando em busca de tesouros enterrados. Depois da minha primeira visita, voltei para casa com um punhado de discos debaixo do braço e fiz essa fita. Há estalos e pulos por toda parte. Algumas das canções são velhas favoritas, outras são novas para mim. Eu nunca tinha nem ouvido falar de "Mirage", de Tommy James and the Shondells – como é que foi possível viver tanto tempo da minha vida sem essa música? *Watchout!*, de Martha and the Vandellas – como é que cheguei até aqui sem esse disco?

Vivo numa nova cidade, onde encontrei amigos que nunca conheceram Renée a não ser por mim. Meus ouvidos estão repletos de novas músicas favoritas, novas bandas favoritas e novas pessoas favoritas com quem compartilhá-las. Conheci uma garota, uma astrofísica que se mudou de Charlottesville para cá, e me apaixonei. Nós nos conhecemos quando eu estava visitando amigos por lá; ouvi a voz dela pela primeira vez no rádio do carro, onde ela apresentava um programa em tributo aos Pixies na WTJU como DJ Astrogrrrl. Ela me fez um mix para o meu aniversário, uma fita de verdade, embora eu não pudesse ler a etiqueta, pois ela a escreveu em japonês. Muitas músicas ótimas: "Warm Leatherette", do The Normal; "Happy House", da Siouxsie; "Cactus", dos Pixies; "A Night Like This", do The Cure. Bem, claramente era só coisa boa.

Ally Astrogrrrl e eu ouvíamos o iPod que eu dei a ela de aniversário, que é rosa, para combinar com o casaco que ela usa por cima da meia-calça. No Natal passado, ela usou o iPod para discotecar na festa de fim de ano da NASA, tocando Stooges e David Bowie até que um dos outros cientistas veio pedir para que abaixasse o volume. Nas noites de sexta-feira, vamos comer sushi e jogar fliperama enquanto ela coloca moedas na *jukebox* para ouvir Bauhaus e Sisters of Mercy, bandas que eu detestava até conhecê-la. Sua especialidade é estrutura galáctica – e eu não consigo nem me orientar no McGuinness Boulevard. Ela me explica os movimentos das galáxias; vasculha sua caixa de sapato cheia de fitas da época do Ensino Médio e me mostra Skinny Puppy, Revolting Cocks, My Life with the Thrill Kill Kult e outras bandas para as quais nunca dei a mínima. Tiraram "Ball of Confusion", do Love and Rockets, da *jukebox* do The Library, na Avenida A, porque ela não parava de tocá-la. Seu hino de karaoke é "Lithium", do Nirvana.

Nas tardes de fim de semana, Astrogrrrl e eu ouvimos minha vizinha de cima cantar junto com sua música favorita do Queen, que é "Don't Stop Me Now". Ela gosta *muito* dessa música. Nunca escuta uma vez só. Eu ainda não tinha notado, mas tem exatamente a mesma letra de "Follow the Leader", de Eric B. & Rakim. Eu não sei o nome da minha vizinha de cima, nem de onde ela é, mas sei que ela adora alcançar aquelas notas agudas do Freddie Mercury e mandar ver. Ela teve um namorado por um tempo que ouvia música folk, mas agora ele parece não estar mais na área. Contudo, ela ainda tem "Don't Stop Me Now". Os carros na frente da minha janela tocam hip-hop polonês 24h por dia, sete dias por semana. Estou literalmente cercado de música.

Às vezes, encontro por acaso amigos que não vejo há anos, que me perguntam como está Renée – isso ainda acontece. Agora é coisa de talvez uma vez por ano, mais ou menos. Eles geralmente me contam uma história de Renée que eu não sabia ainda. Sempre fico feliz em ouvir o nome dela. Um amigo que só fui conhecer uns dois anos atrás estava comigo em uma festa numa casa no Brooklyn, na fila do banheiro, quando perguntou aleatoriamente: "Ei, qual era a música do Hank Williams favorita da Renée?". Isso fez a minha noite. (Era "Setting the Woods on Fire".) Eu também conheço novas músicas, e essas novas músicas às vezes a trazem à baila. Certa vez, Renée me falou de "Out of Hand", de Gary Stewart, mencionando que poderia ter sido escrita para nós. Escutei-a pela primeira vez recentemente. Ela tinha razão.

Faço novos amigos e ouço suas histórias. No outono passado, eu estava sentado à mesa da cozinha de dois amigos que estão juntos desde 1972. Eles me contaram a história sobre como se uniram. Ela não conseguia decidir entre dois pretendentes, então foi embora de Nova York para passar o verão num monastério hindu. (Eu já falei que era 1972, certo?) Um dos pretendentes lhe mandou cartões-postais, os famosos cartões-postais que acompanhavam *Exile on Main Street*, dos Rolling Stones. Desnecessário dizer quem foi o pretendente que ganhou sua mão. Eles me relataram essa história rindo e interrompendo um ao outro, enquanto sua filha adolescente atravessava a cozinha para ir a uma festa de Halloween. Já ouvi falar desses postais – ao longo dos anos, conheci muitos colecionadores de discos ostentarem que têm o vinil original de *Exile on Main Street* com os postais genuínos, intactos e imaculados na capa virgem. Eu nunca ouvi falar de *ninguém* que se desfez dos estimados postais do *Exile*, muito menos que escreveu neles e os mandou pelo correio para uma garota. Observo esses dois, rindo dessa história na mesma mesa de cozinha que compartilham há 30 anos. Dou-me conta de que nunca vou compreender por completo as milhões de maneiras bizarras que a música tem de unir as pessoas.

Até cheguei a conhecer um jovem viúvo, o único que conheci em oito anos. Estávamos num bar sujo de indie rock no West Village, numa festa pós-show dos Strokes. O cara era noivo de uma fotógrafa que eu conhecia. Ao conversarmos sobre Nova York, ele me perguntou por que me mudei para cá. Falei qualquer coisa sobre a Virginia, onde eu morava antes, quando era casado, aí minha esposa morreu e eu precisei recomeçar. E ele disse: "Ah, eu também".

Passamos a noite toda num canto do bar, destrinchando tudo. Como ela morreu? Quando você voltou a dormir? Quando voltou a comer? As pessoas falavam sobre isso ou tinham medo demais? Elas evitam mencioná-la perto de você? Se dizem "ex-mulher", você as corrige? Quando para de doer? Os pais dela continuaram em contato? Por quanto tempo você tentou viver na mesma casa? Você já teve aquele sonho em que tromba com ela na rua e não a reconhece, para então acordar e não voltar a dormir por uma semana?

Nenhum de nós dois já tinha conhecido outro da mesma espécie. Não conseguíamos parar de nos interrogar. Ao nosso redor, as pessoas dançavam, entornavam Rolling Rocks e cheiravam montinhos de cocaína das juntas dos dedos. A noiva dele não parava de chegar dançando para ver como estávamos. Sabíamos que estávamos sendo rudes, mas também sabíamos que nunca teríamos outra oportunidade de uma conversa como essa.

Depois que Renée morreu, presumi que o resto da minha vida seria apenas um prêmio de consolação. Eu continuaria a viver e a ter novas experiências, mas nenhuma delas se compararia aos velhos tempos. Eu teria de me contentar com uma vida solitária que não queria, que sempre me lembraria da vida que eu não podia mais ter. Só que não acabou assim, e há algo estranho e perturbador nisso. Eu teria ficado em 1996 se pudesse, mas a escolha não foi minha, então agora eu tenho de andar para a frente ou para trás – cabe a mim. Não mudar não é uma opção. E, embora eu tenha mudado de muitas maneiras – sou uma pessoa diferente com uma vida diferente –, o passado ainda estava comigo a cada minuto.

No verão passado, levei todos os chapéus de Renée para o Central Park. Percorri o Great Lawn deixando um chapéu em cada banco. Pensei em anexar um bilhete em cada um deles, dizendo: "Isto pertencia a uma pessoa muito legal que amava chapéus, embora mal os usasse depois do dia em que os comprava, nem me fale, e ela adorava este parque, mesmo tendo vindo aqui só uma vez, em 1992, quando ouvimos um cara com um banjo tocar 'Take Me Home Country Roads' e ela riu porque ele não fazia ideia de que estava cantando a música para uma legítima garota da Virginia Ocidental". No entanto, nenhum dos chapéus era grande o bastante para uma história desse porte, então só coloquei um post-it em cada um, dizendo "Grátis". Havia o chapéu coco verde-escuro com a fita de veludo preto; o chapéu de praia macio verde de algodão, que ela usou enquanto caminhávamos na Dingle Bay, na Irlanda; o clochê vermelho feito de fibra de cânhamo. Havia o casquete rosa que ela comprou num Exército da Salvação, na Carolina do Norte, aquele que tinha mofo e a fazia espirrar. Havia dois chapéus de palha diferentes, um dos quais ela usou num churrasco no fim de semana do nosso casamento, só que eu não lembrava mais qual era. Andei de banco em banco, tentando não ser notado ao deixar cada chapéu, esperando vagamente ser parado por policiais e levado para a delegacia por distribuição de acessórios de cabeça suspeitos. Quanto mais eu me esforçava para não parecer criminoso, meu coração batia com mais força e mais rápido eu caminhava. Depois de deixar o último chapéu, dei algumas voltas ao redor da estátua do rei Ladislau, que liderou a Polônia e a Lituânia na vitória contra os Cavaleiros Teutônicos na Batalha de Grunwald, em 1410. Tive medo de que alguns dos chapéus não fossem bonitos o bastante para que alguém os quisesse usar. Eles seriam deixados ali; seriam esquecidos. No entanto, voltei para o Great Lawn 20 minutos depois e, é claro, não restava nenhum chapéu. Os chapéus eram de graça.

Há muitas coisas das quais sinto falta dos anos 90. Era uma época de possibilidades aberta e livre, de mudanças que pensávamos ser permanentes. Parecia inconcebível que as coisas voltariam a ser como eram nos anos 80, quando monstros dominavam o país e as mulheres só podiam tocar baixo em bandas de indie rock. O momento dos 90 foi pisoteado tão completamente, que é difícil imaginar que sequer aconteceu, menos ainda que durou cinco, seis, sete anos. Você se lembra da Brittany Murphy, a nerd divertida de cabelo crespo que adorava Mentos em *As Patricinhas de Beverly Hills*? Em 2002, ela era um ornamento do gueto em *8 Mile*, só mais uma estrela magérrima, um índice de tudo o que perdemos naquela época[31].

Quando Avril Lavigne canta "Sk8tr Boi", uma canção sobre como ela tem sorte de esperar no *backstage* por seu garoto roqueiro, como alguém vai se lembrar que as Avril Lavignes de outrora eram consumidoras de fantasias pop nas quais *elas* também tinham um lugar no palco? ("Sk8tr Boi", além disso, é uma canção grudenta – o que é parte da razão pela qual não há nada de simples nessas questões.) Algo estava acontecendo na música dos anos 90 que não acontece *em lugar nenhum* na cultura pop hoje em dia, com mulheres fazendo barulho de maneiras públicas que agora parecem distantes. O Nirvana trouxe o apelo de massa de volta ao rock de guitarra, e esse apelo de massa tornava as bandas mais corajosas – algumas até tinham algo a dizer sobre o mundo real, o que é muito mais do que se tem direito de esperar de músicos. Existia um tipo de canção popular que não existia antes e não existe mais, à medida que as bandas de guitarra com pretensões artísticas aproveitaram o momento para se comunicar com hordas enormes de fãs, chegar a extremos, exagerar nas musas acachapantes viciadas em drogas, dizer coisas perigosas ou burras e expandir as linguagens emocionais/musicais com as quais as pessoas se comunicavam.

Eu me lembro do verão de 1996, num casamento ébrio de um dos meus professores, um *baby boomer* louco por Hendrix, quando ele reclamou do "rock 'n' roll de bala na testa" que a molecada ouve hoje em dia e perguntou a Renée: "O que o rock 'n' roll tem hoje que não tinha nos anos 60?". "Peitos", disse ela, o que, em retrospecto, não me parece uma resposta la-

---

[31] Brittany Murphy faleceu em 2009, depois, portanto, da publicação original deste livro. (N. do T.)

cônica fora da caixa, nada má. A moda noventista do indie rock convergiu precisamente com a moda noventista do feminismo. A ideia de uma cultura pop pró-garotas, ou mesmo simplesmente não antigarotas – foi um sonho do *mainstream* dos 90, não dos 80 ou dos 2000, e foi real por um tempo. A música não era só parte disso, mas conduzia o caminho – difícil de acreditar e até de lembrar, mas alguns de nós ainda se lembram.

Os EUA são um lugar diferente do que eram nos anos 90, quando a paz, a prosperidade e a liberdade estavam aqui para ficar. O rádio se tornou homogeneizado, com praticamente todas as estações do país compradas e programadas pela mesma corporação, e, numa coincidência chocante, as garotas esquisitas foram empurradas de volta para o *underground*. A economia está no ralo. A guerra está aqui para ficar. Desde o golpe dos 2000, aqueles sonhos noventistas foram pisoteados com tanta força que parece maluco se lembrar de que eles foram reais, ou pelo menos parte de vidas reais.

Mantenho meus amigos por perto, tento ficar próximo deles, tento tratá-los bem. Tento me manter em contato com os amigos que estão longe e sou ruim nisso, mas os levo comigo. Esqueço aniversários, mas me lembro de humores e momentos. Estimo meus amigos porque eles me lembram de que aquilo que começou nos anos 90 não está de todo morto e que as nossas histórias não terminaram. Eles me lembram de que o futuro ainda não está escrito.

Recentemente conheci uma garota, amiga de um amigo, e levei só um minuto para reconhecê-la – era Melissa, da loja de calçados John Fluevog, em Boston, onde Renée procurava sapatos legais. Ela ajudou Renée a encontrar três dos seus cinco sapatos preferidos de todos os tempos. Eu nunca soube o nome dela, mas me lembrava de como era gentil e de ela falar de seu namorado baterista de indie rock descolado, que hoje é seu marido e está em turnê com as Dixie Chicks. A princípio, me senti estranho ao contar-lhe por que me lembrava dela, ou que minha esposa fora enterrada com os sapatos que ela ajudara a escolher, mas ela entendeu. Contei sobre o dia em que Renée comprou os sapatos plataforma *mod* e saiu pela Newbury Street dizendo: "Ninguém em Charlottesville tem sapatos tão legais. Nenhuma das garotas magrelas tem sapatos tão legais. Aquela magrela Lori, da Georgia, não tem sapatos tão legais".

Se eu não quisesse ter essas experiências, não quisesse me deparar com coisas vivas que me lembravam do passado, precisaria me esconder debaixo de uma pedra – só que isso também me lembraria do passado, então não tento me esconder. O que me choca é que o presente está vivo, o que não teria chocado Renée.

Conto com meus amigos para me lembrarem de que aquilo que começou nos anos 90 não está de todo morto, que os desafios daqueles anos não foram todos perdidos e que o futuro ainda não está escrito. Astrogrrrl e eu vamos ver a nossa banda de bar favorita, Hold Steady, toda vez que eles tocam. Sempre terminam com a nossa música preferida, "Killer Parties", e, às vezes, eu penso: "Cara, todas as pessoas com quem eu tenho a oportunidade de escutar essa música, nós vamos sentir falta uns dos outros quando morrermos. Quando morrermos, vamos nos transformar em canções, vamos ouvir uns aos outros e vamos lembrar uns dos outros".

Muitos dos meus amigos da música nem encostam mais em fitas; ficam com as MP3[32]. Eu também amo meu iPod – sou completamente apaixonado por ele. Amo carnalmente meu iPod. Eu preferiria fazer sexo com meu iPod do que com Jennifer Lopez. (Eu não precisaria ouvir o iPod reclamar de que seu cabelo está desarrumado.) Mas, para mim, se formos falar de romance,

---

[32] Lembramos que o livro foi publicado originalmente em 2007, antes do advento dos serviços de streaming... (N. do T.)

as fitas dão o maior banho nas MP3. Isso não tem nada a ver com superstição ou nostalgia. As MP3 disparam direto para o seu cérebro, e isso é parte do porquê as adoro. Porém o ritmo da mixtape é o ritmo do romance, o zumbido analógico de uma conexão física entre dois corpos humanos e desajeitados. A fita é cheia de chiados e sons ambiente; cheia de espaços desperdiçados e barulhos inúteis. Comparadas ao ritmo incessante das MP3, as mixtapes são inevitavelmente ineficientes. Voltar para uma fita é como ser um detetive que se senta e serve drinks para o recepcionista idoso do motel que conta histórias sobre os velhos tempos – você sabe que vai se entediar um pouco, mas talvez haja uma pista ali em algum lugar. E se não houver? Sem problema. Você sabe que vai perder tempo, planejou isso.

Todas as mixes têm suas mutações, seja o *mmmmm* da fita cassete ou o *krrriiissshhh* das MP3. Não há uma religião natural, como diria William Blake. Não importa quão atentamente você ouça, não há como chegar ao som puro, não da maneira como ele é ouvido por ouvidos impuros do ser humano. Então, em vez de ouvir o som puro, você ouve uma mix. Quando você tenta ouvir uma canção na cabeça e se lembra de como ela é, está simplesmente fazendo uma mix imperfeita dela na mente. O som humano é um som mutante. Você ouve e sofre uma mutação junto com o som.

Não faz muito tempo, eu estava andando pelo bairro e achei uma caixa de fitas na calçada, destinada ao lixo. É claro que a levei para casa. Em sua maioria, eram mixtapes de disco music polonesa, incluindo uma chamada *Fat Beats* e outra de nome *Stare Dobre Malzenstuo*, bem como *singles* de Ricky Martin, Shania Twain e Jennifer Paige em cassete. Havia também um *single* do Ace of Base em cassete que eu nunca tinha ouvido – de 1998. Por que diabos ainda lançavam *singles* em cassete do Ace of Base em 1998? Mas a minha favorita dessas fitas se chama *Mega Disco* e inclui "Let It Whip", "Groove Line", "Shame, Shame, Shame" e "You Sexy Thing". Esta última, ouvi em muitas mixtapes ao longo dos anos. Sempre é uma música diferente, mas toda vez acontece a mesma coisa. Você ouve algo de que gosta e aperta o botão de rebobinar para ouvir de novo. Porém, não se pode rebobinar a fita até o mesmo lugar exato. Então é um recomeço total.

O que é o amor? Grandes mentes ruminam sobre essa questão há séculos, e, na era moderna, chegaram a muitas respostas diferentes. Segundo a filósofa ocidental Pat Benatar, o amor é um campo de batalha. Seu correligionário Frank Sinatra acrescentaria o corolário de que o amor é uma armadilha terna. Os jovens maconheiros que passaram o verão de 1978 descolados em cima do capô de seus Trans Mas no estacionamento da Pierce Elementary School assustavam a nós, os mais novos, ouvindo o hit do Sweet "Love Is Like Oxygen" a todo volume – se é demais, você chapa demais, se é de menos, você morre. O amor machuca. O amor fede. O amor morde, o amor sangra, o amor é a droga. Todos os trovadores do nosso tempo concordam numa coisa: querem saber o que é o amor e querem que você mostre a eles.

Mas a resposta é simples. O amor é uma mixtape.

90 min
A SIDE
STEREO

AGRADECIMENTOS

Homem nenhum faz tudo sozinho, como já cantou o Village People, e eles sabem do que estão falando. Então! Obrigado a todo mundo que ajudou na realização deste livro. Minha editora, Carrie Thornton, é uma deusa; ela abençoou este livro com o trovão de sua ira e a luz do sol de seu brilhantismo. Meu agente, Daniel Greenberg, arrasa feito o lado A do disco 2 de *Exile on Main Street* e contribuiu com um suprimento infinito de ideias e energia desde o princípio, ajudando a dar forma ao projeto todo. Ele também pescou uma frase solta de um dos meus primeiros rascunhos e disse: "Aí está o seu título" – e isso foi só o começo. Joe Levy troca mixtapes e discussões comigo desde a época de Tiffany e Big Daddy Kane, e ninguém poderia ser uma presença mais heroica na minha vida – ele sobreviveu a este livro comigo duas vezes e, em nenhuma delas, seria possível sem ele. Obrigado, Joe.

Todo amor e adoração a Ally Polak. Nada disso poderia ter sido escrito sem o amor, o apoio e a alma felina constantes dela. Fique no meu braço, pequena encantadora.

Obrigado à minha família: todos os Sheffields, Mackeys, Hanlons, Twomeys, Courtneys, Moriartys, O'Briens, Durfers, Govers, Crists, Hugharts, Smiths, Veiras e Needhams. Devo tudo à minha mãe e ao meu pai. Obrigado por sua sabedoria, pela inspiração e por ainda namorarem na cozinha ao som dos Del-Vikings. Obrigado às minhas gloriosas irmãs Ann, Tracey e Caroline; Bryant, Charlie, Sarah, Allison, David, John, Sydney e Jack; Donna, Joe, Sean, Jake, Tony e Shirley; Jonathan, Kari-Ann, Ashley, Amber; Drema, Ruby e Joe Gross. Todo o meu amor e agradecimento a Buddy e Nadine Crist pelo apoio e pela bondade infinitos.

Um grande salve para todos da *Rolling Stone*, do passado e do presente, em especial aos grandes Will Dana, James Kaminsky, Nathan Brackett, Bob Love, David Swanson, Austin Scaggs, Jason Fine, David Fricke, Mark Binelli, Jancee Dunn. Tom Nawrocki mudou permanentemente a minha visão a respeito do America (não o país) e do Bread (não a comida). Idolatro Jenny Eliscu, mas quem não a idolatra? Porra, eu idolatro a mim mesmo só por conhecê-la.

Um agradecimento muito especial a Jann Wenner, homem de riquezas e bom gosto, por sempre deixar sangrar.

Gavin Edwards, você sabe que é o cara – sua ajuda neste livro não chega nem nos Top 40 motivos por que você arrasa (gostar de "I Get Weak", da Belinda Carlisle, porém, aparece na 38ª posição); Darcey Steinke, que era a heroína de Renée e hoje é a minha, com quem nunca paro de aprender; Chuck Klosterman (deus do trovão); Marc Spitz; Robert Christgau e Carola Dibbell; todos os amigos da Virgínia ao redor do mundo: Elizabeth Outka, Lia Rushton, La Contessa Susan Lentati, Erin Rodriguez, Merit Wolfe, Stephanie Bird e suas famílias; Charles W. Taylor III e todo mundo da WTJU, a maior estação de rádio do planeta, que você pode ouvir por si mesmo em www.wtju.net; Tyler Magill (por redefinir o corte de cabelo britpop), Carey

Price (a gatadora), Sarah Wyatt (ela desce o braço nos tambores), Jeanine Cassar O'Rourke, The Curious Digit, Plan 9 Records; Sarah Wilson; Jill Beifuss; Stephanie Wells; Karl Precoda.

Muitas das ideias musicais neste livro tomaram forma no insano mundo dos fanzines dos anos 80 e 90, quando os zines eram grampeados e não tinham nenhuma presença na internet. Obrigado aos meus gurus dos fanzines, em especial Phil "Frankie Five Angels" Dellio (*Radio On*), Frank Kogan (*Why Music Sucks*), Jon Bing (*Red Hot and Bothered*), Chuck Eddy (de todo lugar).

Aplausos passionais para: Nils Bernstein, Jennie Boddy, Caryn Ganz, Elizabeth Goodman, Niki Kanodia, Jeffrey Stock, Marc Weidenbaum, Radha Metro, Melissa Eltringham, Heather Rosett, Katherine Profeta, Jen Sudul, Strummer Edwards, Asif Ahmed, Pam Renner, Chris McDonnell, Ted Friedman, Flynn Monks, Laura Larson, Graine Courtney, Ruffian, Tracey Pepper, Craig Marks, Rene Steinke, John Leland, Sarah Lewitinn, Dani Golomb, Neva Chonin, James Hannaham, Paul Outka, Don Harrison, Sean O'Connell, Laura Sinagra, Jon Dolan, Amanda Cuevas, Jim Merlis, Walter T. Smith, Joshua Clover, Eric Weisbard, Ann Powers, Sasha Frere-Jones, Michael Freedberg, Ivan Kreilkamp, Jen Fleissner, Sister Pat, David Berman, Kembrew McLeod, Ed Pollard, The Softies, The Secret Stars, The Hold Steady, todo mundo do The Crown e todos aqueles que ajudaram. Elizabeth Mitchell disse a coisa certa na hora certa, assim como Mike Viola, e, se você gosta deste livro, provavelmente também vai gostar do álbum *Hang On Mike*, dos Candy Butchers. Greil Marcus ofereceu inspiração e incentivo essenciais. Obrigado a Joey Ramone, por ter sido legal com Renée por alguns minutos em 1993. Obrigado a todas as pessoas famosas de todo lugar, em especial os *rock stars*, além da Santíssima Virgem Maria e todos os anjos e santos. Obrigado, São Judas Tadeu. Deus abençoe a Mãe Natureza, ela também é uma mulher solteira.

Sempre: Ray e Peggy Sheffield; David e Bridie Twomey.

Obrigado ao Dump pela minha música favorita, "International Airport", e a todo mundo que já a ouviu numa mixtape feita por mim. Não acho que seja a música favorita de mais alguém ainda, mas nunca se sabe.

Este livro foi composto em Vendetta e impresso em pólen 70 g pela Gráfica Viena em maio de 2024.